神様からのお便り

東京大学名誉教授
矢作直樹

神様からのお便り

東京大学名誉教授
矢作直樹

はじめに

２０２０年に起こった新型コロナウイルスによる騒動は、私たちの暮らしを激変させました。

生活様式から働き方まで、社会全体が大きく変化した結果、心まで萎縮《いしゅく》させてしまったり、ストレスを抱えたりしている人がとても増えたように見受けられます。

新型コロナウイルスに関連して、倒産や自殺者の数の推移を目にするとその傾向は明らかで、心が痛むばかりです。

「このような全世界的な悲劇が収まらない背景には、過剰な不安があるのではないか」

「心身の抵抗力を落とさないよう、元医療従事者として何か提案ができないか」

そんな思いから、このたびペンをとった次第です。

人はつらいとき、どうしても外部からの情報を必要以上に気にするようになってしまいがちです。

ましてや、現代は超高度な情報化社会ですから、よほど強い意志を持っていないと、マスメディアの玉石混交の情報にさらされ、真実を見誤ってしまいます。つまり、「コロナ不安」から、心身の不調を招くことにもなりかねないのです。

それは、あまりに残念なことではないでしょうか。


私たち人間は、不安な時間を過ごすために生きているわけではありません。

誰もが、それぞれの人生を充実させて、幸せになるために生まれてきたはずです。

そんな当たり前の事実をしっかりと意識して、日々を歩んでいきませんか。

実際、私たちの周りには確実に、幸せのサインが存在しています。

「それに気付けるかどうか」が、分かれ道なのです。

心を落ち着けて「恐れ」を手放し、「中今《なかいま》」を生きて、「感謝」を意識することで、そのサインに誰でも気づきやすくなります。**それは「これからあなたの人生が好転しますよ」という、神様からのお便りでもあります。**


これから、悩める9人と私の会話を通じて、「神様からのお便り」をご紹介します。

本書を読み終えた後、あなたもきっと、なんらかの形で「お便り」をすでに受け取っていることに気づいていただければと思います。

神様からのお便り

目次

三権分立

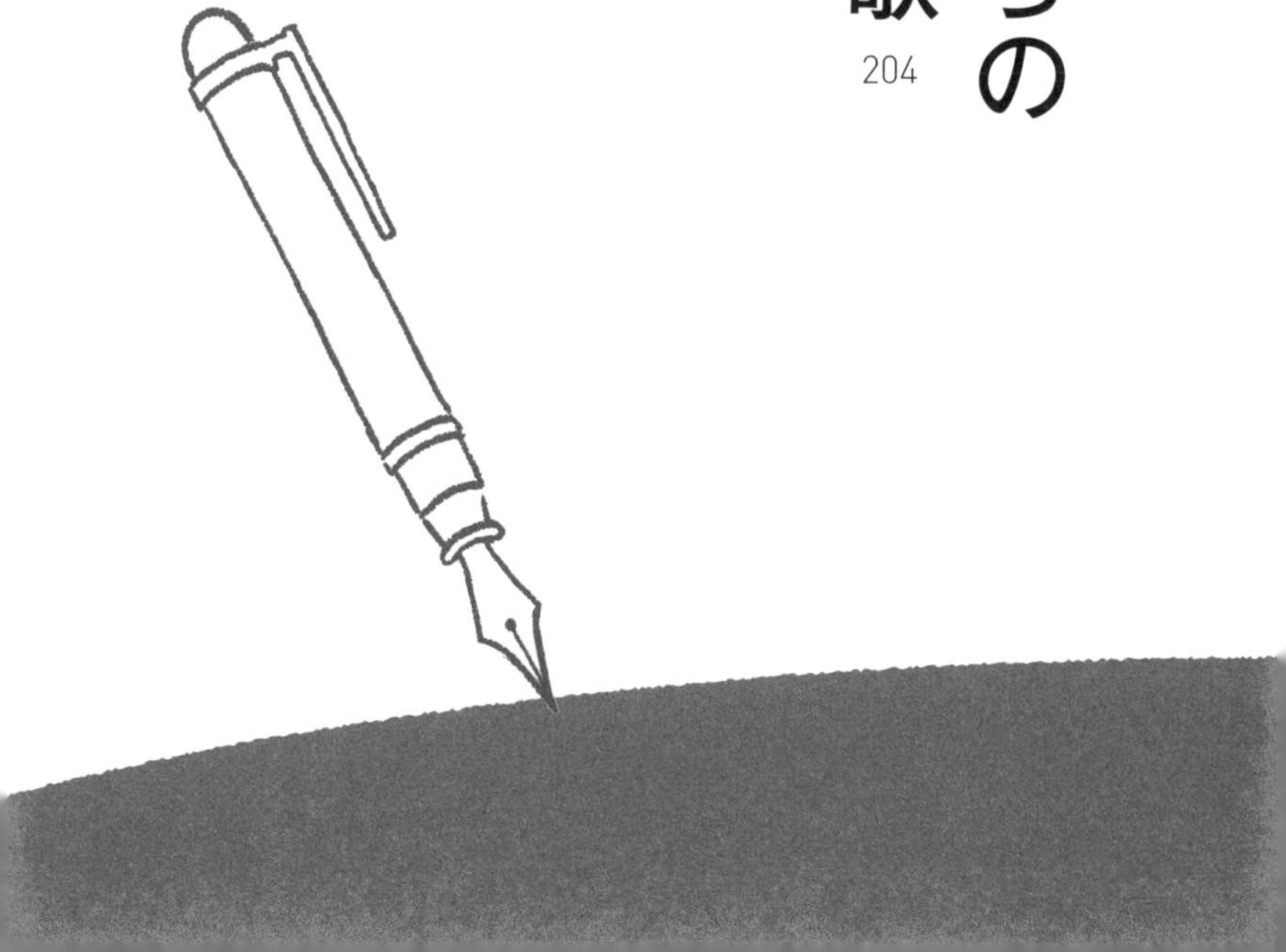

［第1話］

アルバイト先のファミレスで働く、新米ウェイトレスの彩乃《あやの》。
どんなに激務でも、酔ったお客さんにからまれても、
表向きは、毎日ニコニコ。でもストレスのおかげで、激太り！
とはいえ生活のためには、バイトをやめることもできず……。
そんな苦しい時期に、突然起こったサプライズとは!?

ファミレス狂騒曲

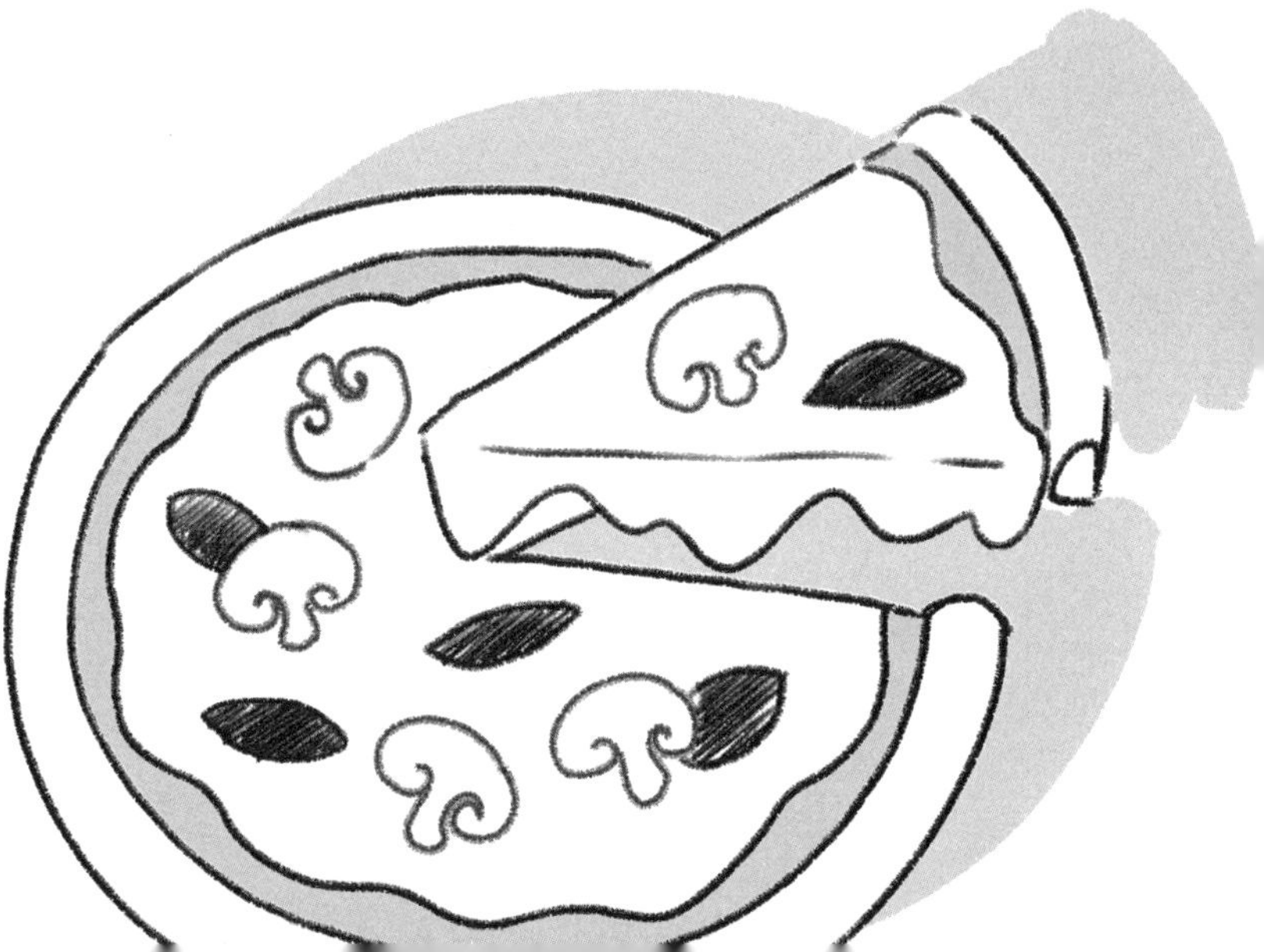

「理不尽なお客さん」との遭遇

矢作《やはぎ》先生の行きつけのお店のひとつ、人気ファミレスチェーン「アゼリア」。

ここのランチタイムは、大勢のお客さんでいつもごったがえしています。

「お昼時はご注文いただいた料理を配膳するまで、お時間がかかりますのでご了承ください」という張り紙が張られているほどです。

しかし、好きなメニューがあるため、矢作先生は時々ここに通っています。それに、本を読んでいれば、待ち時間なんて気になりません。

そんな中、新米ウェイトレスの彩乃《あやの》が、酔っぱらった年配の男性客に引き留められ、

説教をされています。

「2品頼んだだけなのに、何十分も待たせやがって！」

彩乃は男性客に謝り続けています。明らかに怖い雰囲気の男性客に、周囲は目を逸《そ》らし、知らんぷりを決め込んでいます。

矢作先生が会計をしているときも、「このデブ！」と、彩乃を信じられない言葉で口汚くののしる男性客の声が遠くから聞こえてきます。矢作先生は、出口に向かうと扉を両手で丁寧にそっと押し、店内に軽く礼をして店を出ていきました。

「肉を食べないお客さん」との対話

2日後、矢作先生は夕食をとるために「アゼリア」にやってきました。大雨のせいか、店内はめずらしくがらんとしています。

矢作先生は、隅の方のテーブルに着席し、手慣れた様子で注文端末を操作し、「野菜ときのこのピザ」と「シーザーサラダ」を注文しました。そして、鞄から付箋《ふせん》が無数に立てられた分厚い本を取り出し、静かに読書を始めます。

しばらくすると、店員の彩乃が現れ、矢作先生に声をかけました。

「恐れ入ります、お客様。メニューを確認させていただきたいのですが……」

矢作先生は顔を上げ、彩乃に丁寧に会釈《えしゃく》を返します。

「シーザーサラダのご注文は、ベーコン抜きでよいでしょうか？　いつも、ベーコン抜きで注文されていた気がするのですが」

「ありがとうございます。おっしゃる通りです。お手数おかけしますが、ベーコン抜きでお願いできますか？」

「かしこまりました」

静かに微笑む矢作先生に、彩乃は笑顔でお辞儀をして、厨房《ちゅうぼう》に戻っていきます。

約10分後。料理を手にした彩乃が、矢作先生のテーブルに再び現れました。彩乃が、おぼつかない様子で、大きな皿を両手でひとつずつ持っているのに気づいた矢作先生は、そのうちの一皿を丁寧に両手で受け取ります。

「ありがとうございます。いつも助かります」

彩乃の言葉に、矢作先生は静かに微笑みを返します。

「あのう、お伺いをしてもいいですか？」

笑顔でうなずく矢作先生に、彩乃はおずおずと質問を投げかけます。

「なぜ、いつも同じメニューばかり注文されるんですか？　確か『野菜ときのこのピザ』『ベーコン抜きのシーザーサラダ』『野菜カレー』の3つを、ローテーションされていたような……」

「はい。その3つには、肉が入っていないからです」

「ああ、お肉がお嫌いなんですね」

「いえ、嫌いというわけではありませんが、以前、牛の悲しげな顔がポッと浮かんだことがあって、それから食べなくなったんです」

「じゃあ牛だけ、食べないんですか？」

「いえ、牛も、豚も、鶏も食べません」

「ええ……!?」

彩乃は、矢作先生を驚きの表情で見つめます。勤務中ですが、雨が降り続けているためか、お客さんの姿はまばら。だからというわけではありませんが、彩乃はまるで吸い込まれるように、矢作先生との会話を続けます。

「ベジタリアンなんですね。でも、うちに来てくださって、ありがとうございます」

「こちらこそありがとうございます。別にベジタリアンという主義主張はありません。食事を楽しくとることは、大事なことですから」

「あの、すみません。私、ダイエットをしたいんですが……。ベジタリアンだと、やっぱりやせますか？」

　矢作先生は、首をかしげます。

「どうでしょう。『やせる』という言葉の定義が私にはよくわからないのですが、食べすぎないことで動きやすさを保てますし、感覚が研ぎ澄まされる気がしています」

　彩乃はうなずきながら、新たな質問をします。

「甘いものとか、突然食べたくはなりませんか？」

「もちろん、なりますよ。書き物をしているときとか、極度に疲れたときとか。甘いもの以外にも、スナック菓子が手元にあれば感謝をしていただきます。もちろん、そこでお腹いっぱいになるまでは食べませんが……」

「よかった！　そうですよね。甘いものを我慢するなんて無理ですよね」

「はい。**そもそも『苦しい我慢』というものは、よくないような気がします**」

　彩乃は微笑みます。

「普段はいったい何を召し上がっているんですか?」

「野菜と果物が中心で、穀類、豆腐、玉子も食べます。また、『1日3食』というルールにこだわることもありませんし、本当にお腹が空いたと思うまで、食べないようにしています。そのほうが、五感が敏感になりますし、直感が降りてきやすいのです」

「すご……」

立つ鳥跡を濁さず

矢作先生は、両方の手の平を合わせ、頭を軽く下げて「いただきます」のポーズをします。

「姿勢が美しくていらっしゃるんですね」

矢作先生は会釈を返し、静かに食事を始めます。

「腰の骨を意識するだけでも、姿勢はうんとよくなります」

「礼儀も正しくていらっしゃる。いつも椅子をきちんと戻してくださるから助かってるんです。うちの店長も言ってました。他のお客さんとまったく違うって」

「他の人と比べることに、意味はない気がします。私はただ『立つ鳥跡を濁さず』という言葉が好きなんです」

矢作先生は、慣れた手つきでピザをカットし、口に運びます。

「すごく器用ですよね。ピザのカットがお上手。どんなお仕事をされてるんですか？」

「以前、医療職でした」

「えっ？　もしかしてお医者さんですか？」

「昔の話です」

「何科ですか？」

「救急治療とか手術部とか、いろいろです」

彩乃は驚きのあまり、手にしていたトレイを下に落としそうになりました。

苦しい時間をやり過ごす方法

「実は私、看護師の卵なんです。奨学金をいただいて、看護師の専門学校に通っています。でも、そうは見えないですよね。こんなところでアルバイトしてるし、おまけにデブだし。自分の健康からまず管理しないと」

「健康について、過剰に気にする必要はありません。『自分が病気だ』と思わなければ、その人は健康です」

「でも、この体型がコンプレックスなんです。この前も、酔ったお客さんに『デブ』って言われたし……」

「体は、魂の乗り物でしかありません。健康であるならば、見た目にそこまでこだわらなくてもよいと思います」

「でも『デブ』と言われると、傷つきます」

「そんなときは、これ。ストレスを感じにくくなりますよ」

矢作先生は、食事の手を止め、深呼吸を軽くしてみせます。

彩乃も真似をして深呼吸をします。

「このお店、特にお昼は忙しくて、すごくストレスなんです。混み始める前に、やってみます」

「私は忙しいときこそ『ありがたい、ありがたい』というようにしています」

「え？　忙しくて大変なときなのに『ありがたい、ありがたい』と思うのですか？」

「はい。忙しくて大変だからこそ、感謝の気持ちを持つのです。『苦しい、苦しい』『逃げたい、逃げたい』『イヤだ、イヤだ』ではありませんよ。そのように、発想を切り**替えられるかどうかがカギですね**」

「それは私には難しすぎますね……」

「ごめんなさい。では忘れてください」

山川草木悉皆成仏《さんせんそうもくしっかいじょうぶつ》

矢作先生は、彩乃に優しく微笑みます。

そして、自分の鞄の中をごそごそと探り始めました。

「私の場合、ストレス解消法として、時間を捻出してはこういうところに出かけています」

矢作先生は、鞄から1枚のチケットを取り出し、彩乃に差し出します。そこには『縄文展』と書かれていました。

「じょ……、縄文？　縄文土器の時代ですか？」

矢作先生は、笑顔でうなずきます。彩乃はビックリしながらも、チケットにある飾りがついたような派手な土器の写真を指差し、矢作先生に問いかけます。

「この土器の形、すごいですね。まるで炎みたいな飾りがついています」

「はい、それは火焔《かえん》型土器といって、縄文土器の中でも特にデザイン性に富んだ土器なのです。縄文時代というのは争いのない素晴らしい時代でした。私はよくその時代に思いを馳せています。なんといっても、今日《こんにち》の文明では世界最古で、世界のルーツ、ひな形ですからね」

「縄文時代が世界最古？　そう習った記憶はありませんけれど……」

「確かに、学校では『縄文時代が世界最古』とは習いません。いまだに『四大文明』という考えがあるようです。でも実は**こういう『文明』よりも古い時代の縄文式土器が発見されているのです**。歴史に目を向けると面白いですよ」

「へぇ〜。調べてみます」

「それと……、これもどうぞ」

矢作先生は、鞄から革の新品の栞《しおり》を取り出し、彩乃に記念に贈ります。

そこには「**山川草木悉皆成仏**」と刻まれていました。

「山、川、草、木……？」

「はい、『さんせんそうもくしっかいじょうぶつ』です。すべてに仏性《ぶっしょう》が宿っている――つまり神様だということです。私の鞄に今これが入っていたのも、意味があってのことでしょう。神様からのお便り、かもしれませんね」

「そうなんですか？」

「この世界のすべてを成り立たせているすべてのものに、神性《しんせい》を感じ、それらに感謝の念を持つことが、大事なことだという教えです」

お客さんからのお詫び状

そのとき、入り口のチャイムが鳴り、新しいお客さんの訪れを知らせました。

「いらっしゃいませ！」

彩乃は我に返り、明るい声であいさつをします。ですが、視線の先にいるお客を見て、彼女の顔は一瞬にしてこわばりました。そこには、先日泣くまで説教をされた、あの酔っ払いの男性客が立っていたのです。

第1話
ファミレス狂騒曲

「あっ!」

彩乃は、手にしていたお盆をギュッと抱えます。そして、あわてて矢作先生に一礼をして、バックヤードへと向かおうとします。

彼女は自分の顔が、酔っ払いの男性客から見えないよう、お盆で顔を隠すようにしながら早足で進みます。しかしその途中、酔っ払いの男性客に、遠いところから呼び止められます。すると、男性客は彩乃に突然頭を下げました。

「この前はすいませんでした。あのときの私は勤め先から早期退職をほのめかされて、自暴自棄になっていたんです。関係のないあなたに身勝手な八つ当たりをして、迷惑をかけて、本当に申し訳ありませんでした」

彩乃は、バックヤードに戻り、安堵《あんど》に胸をなでおろします。そして彩乃は、矢作先生からもらった栞を、ポケットからこっそり取り出します。

「山川草木悉皆成仏か……」

彩乃の顔には、自然に笑みが浮かびます。

矢作先生はいつのまにか会計を済ませてお店を後にしていました。少し薄暗くなった窓の外を彩乃が見上げると、大きな流れ星が見えました。

空からも幸せが降り注ぐ

そこに店長が現れます。窓の近くにたたずむ彩乃の姿を見つけると、あわてた様子で駆け寄ってきました。

「彩乃くん、大変だよ！」

「えっ、私また何かしましたっけ？」

店長は、顔を一瞬ほころばせると、彩乃に1通の手紙を差し出します。

「手紙……、ですか？」

驚いた彩乃は、さっきの矢作先生の言葉を思い出し、大きく深呼吸をします。震える手で封筒を開け、中に入っていた手紙を広げると、そこには次のような内容が書かれていました。

「いつもお世話になっています。

ひとことお詫びをさせていただきたく、店長様にお手紙を差し上げます。

先般、お店の女性従業員の方に、大変失礼な言葉をかけてしまいました。

あの日、実は勤め先で困ったことがありまして、大きなストレスを抱えておりました。こちらでおいしいワインを飲ませていただき、ほんのひととき、不快な気持ちを忘れようとして酔いすぎてしまい、暴言を吐いてしまいました。

本当に申し訳ございません。これからもずっと、このお店に通いたいと思っています。どうか私の無礼を許してください」


店長は、彩乃をじっと見て問いかけます。

「どうする？」

「まさか、お詫び状までいただくなんて。これからもこのお店に通ってもらえるなんて、ありがたいです！」

二人とも、安堵の表情で互いに深くうなずき合います。

窓の外に、再び大きな流れ星が流れました。

「おっ」

店長は、窓ガラスに額をくっつけるように顔を押し付けます。

「今日って、ふたご座流星群が一番多くみられる日なんだよね……」

「お詳しいですね」

「天文マニアなんだよ。やっぱり、そういう日は、『大きないいこと』があるな。ちっちゃいトラブルは、なんだかんだいって、毎日のように起こるけどさぁ」

深くうなずく彩乃に、店長は、さらにたたみかけます。

「彩乃くん、今月もありがとう。いろいろ大変だったけれども、乗り越えられそうだよ。折り入って君に相談があるんだ。いつも頑張ってくれているから、この店のリーダーに昇格してもらいたいんだが、どうだろう？　今までと勤務の時間や条件は、変わらない。ただし時給はアップできる。新しいバイトさんもこれから増やしたいから、その教育係を無理のない範囲で、君に担当してほしいんだ」

「ええっ？」

「もちろん、君の学業と、両立できるように、最大限の配慮はする。どうだろう」

そのとき、彩乃は窓ガラスを背にした店長の後ろに、ひときわ大きな星が流れたことに気づきました。わずか数秒間のきらめきでしたが、その輝きを見た彩乃は「ありがたい、ありがたい」という矢作先生の言葉を思い出します。

店長に向き直り、彩乃はこう宣言しました。

「はい、そのお話、受けさせていただきます。精一杯頑張ります！」

「わかった、ありがとう！」

店長は軽くうなずくと、次の指示を出すため、厨房に入っていきました。

（もしかすると、このお店にきてくれるお客さんは皆、私を修行させてくれる〝神様〟なのかもしれない）

彩乃は、エプロンの紐をキュッと締め直すと、担当を任されているドリンクバーのメンテナンスにとりかかるのでした。

［第2話］

商売が不調で自暴自棄のラーメン屋店主、達雄《たつお》。
自殺を考えるほど疲れ果てた彼の心を癒したのは、
神社での不思議な体験でした。
生を終える命。生を謳歌《おうか》する命。
自然界のドラマに触れた達雄の心に、変化が起こり始め……。

祈る力が日本を救う

風のいたずら

矢作先生は、近所を適度に歩き回ることを趣味にしています。

ある日のことです。矢作先生が、近所の神社の前のベンチに腰をかけ、ペットボトルの水を飲んでいると、突風が吹き、ベンチにかけていたタオルが下へと落ちました。

そこへ達雄《たつお》が通りかかり、タオルを拾い上げ、矢作先生に手渡します。

「落ちましたよ」

「ありがとうございます」

矢作先生は静かに会釈を返します。

　達雄は、矢作先生におずおずと話しかけます。

「すみません、横に座らせてもらっていいですか？」

　矢作先生は再び静かに会釈をします。達雄は一礼して、ベンチにゆっくりと腰かけました。ベンチの前には花壇があり、スズメたちが群れをつくっています。

　あたりには気持ちのよい風が吹いています。

　達雄は、手にしていたペットボトルの口を開け、ゴクリと一口、飲みました。

ラーメン屋店主の告白

「あのう……、ここら辺をよく歩いていらっしゃいますよね。健康的な方だなぁと思って、感心してたんです。私なんて不養生ですから」

　矢作先生は、静かに微笑みながら話を聞いています。

「同じくらいのお年だと思うんですけど、いやぁ、私とは大違いだ。ああ、ごめんなさいね。最近、ちょっと人と話がしたくって」

　にこやかな矢作先生の笑顔を見て、達雄はさらに話を続けます。

「私、この近くでラーメン屋をやってます。でも最近不景気でね。うちみたいな小さな店にはどこも融資してくれないし、資金繰りが追いつかなくなって。実は、店をたたんじまおうかと考えてるんですよ」

矢作先生は、静かにうなずきます。

「あ、ごめんなさいね。まったく知らない方にこんな話をしてしまって。でも、恥ずかしくって、知らない人にしか言えないですよ、こんなこと。もしかして、あなたも何かの経営者さんですか？　会社とか、工場とか、お店とか？」

「いいえ」と矢作先生は、静かに首を横に振ります。

「これは失礼しました、神社で祈ってらっしゃるお姿を何度かお見かけしたことがあったので、てっきり事業をなさっているのかと」

矢作先生は、達雄に優しく微笑みます。

「うちの店も、昔はよかったんです。羽振《はぶ》りがいいときは大勢のスタッフを雇って、勢いがありました。今は、近所の有名店にお客さんをとられて、もう虫の息です。でも店をたたんでしまったら、私にはやることが何も残っていないんですよねぇ。特に身寄りもいないし、すべて虚《むな》しくなって、もう死のうかな、なんて思い詰めることもありますよ」

「お言葉ですが……、人は死にませんよ。あなたの体は死んでも、魂は生き続けます。それに、**体は自分自身のものではなくて〝借り物〟です**」

「えっ、どういうことですか？」

「この世での命を、自分から絶つ必要はない気がしています」

「ああ、自分から命を絶つのは、私だってどうかと思いますよ。でもね、おカネがなくなると悲しいもので、そっち方面のことばっかり、つい考えちゃうんですよねぇ」

矢作先生は、達雄に静かに語りかけます。

「ちょっと、ゲームの話をしていいですか」

「もちろん。スマホゲームですか？　それともテレビゲーム？」

「人生という名のゲームです」

「ああ、『人生ゲーム』ですか。昔、はやりましたよね。車にピンを刺して、回るやつね。億万長者の土地に到着したら〝あがり〟ってルールの……。懐かしい」

「いえ、**私たちの人生そのものが、ゲームなんです**」

「え？　どういうことですか？」

達雄はペットボトルの水をグビグビと飲みます。

自殺とは次世で今世をゼロからやり直すようなもの

「たとえ話だと思って、聞いてください。私たちは、もともと寿命を決めて、この世に生まれてくるのだそうです」

「へぇ。記憶にまったくないですね」

「つまり、私たちの人生は『何歳まで生きる』と決めて、自分でつくった人生ゲームをプレイしているのと、同じようなものなんです」

「それは面白い考え方ですね。でも、人生でつらいことが続いたら、さっさとやめたくならないですか？　ボードゲームの人生ゲームだって、そうだったでしょう？　途中で『このゲームじゃ勝てない』ってわかった途端、ヤル気が急になくなりますもん」

「もちろん、ゲームを続けるかどうかは、本人の自由意志です」

「よかった。選ぶ自由はありますよね。だって自分自身のゲームだし」

そのとき、突風が吹き、偶然にも二人の間の座面に赤い紅葉が一枚、ヒラヒラと舞いながら落ちてきました。

「自殺とは、人生というゲームを途中で投げ出して、今世の振り出しに戻ってしまうようなものかもしれません」

「えっ……」

達雄は、下を向いたまま黙っています。

「あなたは、この世界で、一生懸命に生きて、ここまでコマを進めてこられた。でもそれが、また振り出しからコツコツ積み上げていかねばなりません。それでも、本当にいいですか？」

「あの……。自殺って、〝あがり〟じゃないんですか？」

「自殺とは、〝あがり〟ではないと思います」

達雄は大きくため息をつきます。

「私たちの人生は、長さが決められた旅のようなものです。私もあなたも、あと60年とか、100年とか続くわけではないでしょう。むしろ、ゴールは見えていますよね。それなのにまた振り出しに戻ってしまったら、もったいないと思いませんか？」

「ああ、それはそうですね。また赤ん坊からのスタートなんて」

「自殺をしたら、その周りの人たちも惜しむでしょうが……。一番後悔するのはその人生ゲームをつくった自分自身だと思います」

達雄は、再び下を向いてしまいました。

自殺を思い留《とど》まる方法

「あなたにこんなことをお話ししておいて何ですが、実は私も、帰れるものなら、早くあの世に帰りたいです」

「えっ？」

「でも、自ら死を選ぶことは、人生ゲームを途中で投げ出したことだと知っているから、そうしないだけなんです」

「あなたも、そんなふうに思っているんですか？」

「はい。でも、せっかく授かった命ですから、それをわざわざ自分から絶とうとは思わないだけです」

「いったいどうすれば、死を思い留まることができるんですか？」

「楽しいことや、やりたいことを思い出すのはいかがでしょう。おいしいものを食べ歩くというのもいいと思います。ゲームを自ら降りてしまうより、よほどマシです」

「おいしいものねぇ……。正直、もうそれにも興味がありません。若いときから『おいしい』と評判のものは食べ尽くしました。私、一応、飲食店を経営してますから」

「そうですか。では、もうひとつアイデアがあります。『世の中には、自分よりもつらい人がいる』と考えてみることです」

「私よりも人生がつらい人？　そうそういないと思いますけどねぇ」

「私の知人で、心の調子を崩して、心療内科に通っていた人がいます。人間関係や仕事がうまくいかなくなり、薬を毎日飲んでいたそうです。でも、この前の東日本大震災のあと、通院をぱったりとやめたそうです。なぜだかわかりますか？」

「いいえ」

「多くの死者や被災者が出たあの大惨事を見て、『個人的な問題で悩んでいるのが申し訳ない』と思ったのだそうです」

「なるほど」

「そういわれると、『命を自ら絶つなんてもったいない』と思えてきませんか？」

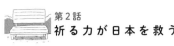

「……はい」

「たとえば、地震が来ている瞬間や、土砂崩れが起きそうなときに、自殺を考える人なんていないはずです。どうしても『生きよう』とするでしょう」

そのとき、達雄のお腹がグーッと鳴りました。

「あ、すみません。朝から何も食べていないもので」

「お気になさらないでください。生きている証です」

矢作先生は、達雄に優しく微笑みます。

「あなたは本当に学のある方ですね。おまけに穏やかで優しくて、人格者だ……」

「いえいえ、長く生きているだけで何者でもないですよ」

矢作先生は、穏やかに微笑みます。

中今《なかいま》を精一杯生きている動物たち

そこへ突然、大きなカラスが舞い降りてきました。バタバタという羽音が突然上から聞こえたかと思うと、カラスは1匹のスズメを襲い、あっという間に上空へと連れ去っていきました。スズメの群れは、一瞬騒然となりました。

一部始終を見ていた達雄は「あっ！」と叫びます。矢作先生は、冷静に、黙ってスズメの群れを見守っています。

「……野生ですね。食うか、食われるかだ。かわいそうに」

「そういうものです。だからこそ、〝中今〟に生きることが大切なのかもしれませんね」

「な、なかいま？」

『今、ここにいる』という感覚を大事にして、現在を生き切ることです。〝中今〟を感じながら楽しむことです」

「中今を感じながら、楽しむ？　私は考えたこともないですね」

「そうですか。それでは、今の出来事は、神様からのお便りだったのかもしれません。私たちの目の前で起こるすべての出来事は、大事なメッセージですから」

「そんな考え方もあるんですね。私の頭の中は、もう資金繰りのことしかないですよ」

「もしかすると『お店を切り盛りして、人の輪を広げていくこと』が、あなたが自分で決めた課題なのかもしれません。心に余裕が生まれたら、身の回りに目を向けてみてはどうでしょうか」

神社が気持ちよい理由

「しかし、神社ってなぜ、こんなに気持ちがいいんでしょうかねぇ。いろいろあっても、すがすがしい気分になりますね」

「神社が気持ちよいのは、開放感のせいかもしれませんね」

「開放感……ですか？」

「はい。神社は、誰にでも門を開いてくれています。極端なことをいうと、別の宗教を信仰している人でも受け入れてくれます。だから開放感があるんです」

達雄は、深くうなずきます。

「それに、神社は自然によって浄化されています。だから、私たちは良い気に包まれながら、神様に感謝を伝えることができる。それも気持ちよさの原因ではないでしょうか」

「そうですね。あなたのおっしゃることは、とてもわかりやすい。もしかして、学校の先生か何かですか？」

「いいえ。ただ、自然の中にいるのが好きなのです」

「それは素晴らしいご趣味だ。じゃあ、もう少しお話しさせてもらってもいいですか」

「どうぞ」

「〝神様〟っていると思いますか？」

「はい。私たちの意識（魂）は、伸ばせば高次元まで伸びて神様とつながります。誰もが神様とつながり、まさに『あなたは神の中にあり、神はあなたの中にある』のです。ですから、『古事記』でも天皇の先祖を神様にしています」

「ああ、それがアマテラスオオミカミさんでしたっけ」

　ふいに再び突風が吹き、オレンジ色の紅葉が数枚ヒラヒラと落ちてきました。

「長く生きてきたけれど、天皇って、結局よくわからない存在でしたねぇ。自分がもし天皇に生まれていたら、いい生活ができただろうなぁ……なんて、妄想したことがあるだけです」

　そのとき、遠くから石焼き芋屋の声が聞こえてきました。

「石やーきいもぉぉー、石やーきいもぉぉー、やきいも！」

「おっ、こっちに来たら買ってもいいですか。もうお腹空いちゃって」

矢作先生は、笑顔でうなずきます。達雄は、矢継ぎ早に質問を投げかけます。

天皇のお役目とは

「庶民の私が知りたいのは、天皇様の役目です。私たちには見えにくいですよね。地震のあと被災地を回られたり、いろんな行事をされていたりするようですが……」

「天皇のお役目の本質とは、祈ることです。祈りには、大きなエネルギーがあります。**天皇は、日本を守るために常に祈っておられるのです**」

「祈るだけで日本を守れるんですか？」

「はい。天皇の祈りには、絶大なパワーがありますから。私たちの祈りにも、大きなエネルギーがあるんですよ。もちろん、自分のためのエゴイスティックな願い事ばかりしていては、だめですが……。**感謝を伝えるための祈りや、他人のための祈りは、とても尊いものです**」

「そうなんですか！　だから駄目だったのか！」

達雄は思わず顔をしかめました。

「どうかされましたか？」

「いやぁ、お恥ずかしい話、私はここ一年、『うちの店をなんとか助けてください』って毎日のようにここで祈っていたんですよ。でも、一向に売り上げは上がらなかった（笑）。感謝なんてしなかったし、他人のために祈ったこともありませんでした」

「そうですか。感謝をするといいですよ」

「感謝ねぇ」

そのとき、焼き芋屋の販売カーが目の前にやってきました。

「石やーきいもぉぉー、石やーきいもぉぉー、やきいも！」

達雄は立ち上がり、３本の焼き芋を求めて、ベンチに戻ってきました。

「１本どうぞ。先生へのお礼です」

「これは、ありがとうございます。遠慮なくいただきます」

二人は焼き芋を食べながら、再び話を始めました。

「あのう、天皇さんの祈りって、どんなものなんですか？」

「毎年決まって行われる神事が30ほどあります。そしてそれは元旦の四方拝《しほうはい》から始まります」

「しほうはい？　聞いたこともない」

「元旦の早朝から、天皇が皇居の仮屋に入り、祈られる儀式のことです。今の憲法では、天皇が国家安寧《あんねい》、五穀豊穣《ごこくほうじょう》を祈願するあくまでも皇室の私的な行事、というふうにされています。その神事では祝詞《のりと》を唱え、祈りを捧げるのです」

「それって、どのようなものですか？」

「賊寇之中過度我身（ぞくこうしちゅうかどがしん）、毒魔之中過度我身（どくましちゅうかどがしん）、毒氣之中過度我身（どくけしちゅうかどがしん）、毀厄之中過度我身（きやくしちゅうかどがしん）……」

「あなた、もしかして皇室の関係者？　宮内庁《くないちょう》にお勤めされているとか」

矢作先生は、静かに首を横に振ります。

「その難しそうな祝詞、いったいどんな意味なんですか？」

「『もし、我が国に厄災が起こるならば、必ず私の体を通してからにしてください』と神々にお願いをされているんです」

そのとき、達雄が突然むせて、咳き込みます。反射的に、矢作先生は立ち上がり、その背中をさすりました。

知られざる天皇のお仕事

水を飲んで落ち着いた達雄は、再び話し始めます。

「すみません、あまりにすごい話だから、むせちゃって。『厄災を自分の体に通す』って話、すごいものですね。天皇さんって、そんな覚悟をされていたんですか」

「はい。歴代の天皇は皆そうです」

「いや、面白い。それ、カルチャーセンターとかで話したらいいのに。ほら、駅前にあるじゃないですか。きっと受講料、とれますよ！　天皇さんがそんな大仕事をしてるって、みんな知らないし。あ、私の周りでは、ですよ」

「天皇のお仕事は、ほかにもあります。東日本大震災のあと、2011年3月16日に、現上皇陛下がビデオメッセージを出されたことはご存じですか？」

「もちろん、それはさすがに覚えています。テレビで見て、感動しましたもの」

「あのお言葉がなかったら、東日本は今頃どうなっていたかわかりません」

「え？　どうしてですか？」

「あの上皇陛下のメッセージが大きなきっかけとなって、アメリカが堂々と動けるようになったのです。それまで、ああだこうだ言っていた日本政府をアメリカが押さえつけ、福島原発を含めて、事態を収束へと向かわせてくれたのです」

「そうなんですか。テレビではそこまで教えてくれませんでしたよねぇ。でも私、天皇さんにちょっと興味が湧いてきました。そもそも、どういう家系の人たちなんだろうって」

国民の感謝が、天皇が持つ力を増幅させる

「天皇について話しだすと、私も長くなってしまいますが、『天孫降臨《てんそんこうりん》』というキーワードを覚えておけばよいでしょう」

「天孫降臨？　聞いたこともありません」

「今から3千年から2千3百年前にかけて、さまざまな大陸の人が海をわたってきたことで、縄文の人たちは混血を始めます。そこで、縄文の人たちが備えていた〝霊性《れいせい》〟は下がってしまったんです」

第2話
祈る力が日本を救う

「霊性？　今の自分とは本当に遠い気がします。もう欲ばっかりで……。いや、この焼き芋、なかなかいい焼き加減でしたね」

矢作先生は、微笑みながら静かにうなずきます。

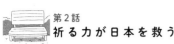

「大昔、神様はこの事により『縄文人の霊性が下がる』と予測していました。だから、神々はあらかじめ意識を人類の肉体に降ろしました。それこそが『天孫降臨』です。そうなると、肉体は滅びても意識はつながっていくのです」

「ええっ？」

「天孫降臨のあとに誕生したのが、日本の初代の天皇、神武《じんむ》天皇です。そして、天皇が今に至るまでずっと続いてきたわけです。そもそも天皇とは、敬われる対象ではなく、国民の要《かなめ》として敬愛されるような存在だったのですが、明治維新のときに、列強によって開国させられ、憲法で行動を規制される存在になったのです」

「そこはわかりますよ。でも霊性という言葉が難しくてイメージができないんです」

「神話の時代から、現代まで、天皇が代替わりして、皇位を継承してきたという意味を考えると、よくわかりますよ。天皇が代替わりされることを『御代替《みよが》わり』と呼ぶのですが、そのときに〝祈る力〟が非常に強くなるのです。たとえば2019年の即位の礼、ご覧になりました？」

「はい。あのイベントはテレビで見ました」

達雄の顔がパッと明るくなります。

「当日、気象庁の予報通りに大雨が降っていました。でも御開帳のとき、天皇陛下が高御座《たかみくら》からお言葉を述べられる瞬間、東京の空に大きな虹ができたんです」

「ああ、見ました！　台風が消えたり、東京から逸れたりしましたよね」

「はい。あのような現象を『天皇晴れ』と呼びます。ああいった奇跡のようなことが起こるのは、天の祝福なのです」

「天の祝福？」

「はい。天皇と、国民との集合意識が高い次元で強く結びついたので、『幸《さち》あれ』ということで、天が祝ってくれたのです」

「へぇぇ。私もなんかあるなって思ったんですよ。素人なりにね。だって、短時間のうちにあんなにタイミングよく天気が変わることって、めったにありませんもの。私も天皇のために、何かしたくなっちゃいました。芋を食ってる場合じゃないですね」

「国民としてすべきことは、感謝をすること。ただ、それだけで十分です」

「ほんとですか？　感謝なんて誰でもタダでできることじゃないですか」

「誰でもできることだからよいのです。あとは、頭で何かを考えたり、悩んだりすることはありません。ただただ、心を使って、感謝の念を送ればよいのです」

「へえ。今日はいいことたくさん教えてもらっちゃいましたよ」

気づきを得ることで人生は変わる

そのとき、二人の目の前に2匹の蝶がどこからともなく現れました。

2匹の蝶は、ヒラヒラと舞いながら、1本の花に仲良く止まり、羽を閉じたり開いたり、蜜を吸ったりしています。その様子を見た達雄は、目を細めます。

「何気ないことが、実は素晴らしいことなのかもしれませんね」

「はい、私もそう思います。この蝶たちも、神様からのお便りかもしれません。あの蝶のお役目は、私たちに『中今と感謝を伝えること』だったかもしれません」

達雄は強くうなずきます。

「気づけば必ず何かが変わります。よろしかったら……、今日から祈り方を変えてみ

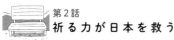

てはいかがでしょうか。自分の願いを念じるばかりではなく、感謝をする、という方向に」

「そうですね。いやぁ、あなたとお話ができてよかったです」

「誰かと話をすることは、とても大切なことです。人は、自分の鏡ですから」

「ほんとそう思います。でも、もう気が滅入ってしまうとなかなか難しいものですよ。最近店に出ても、ほとんど口もきかずに黙々とラーメンをゆがいてましてねぇ」

達雄が顔を上げると、蝶が周囲をヒラヒラと飛んでいました。

「自然に触れるって、本当に気持ちがいいですね。いやぁ、こんなにすがすがしい気持ちになったのは何年ぶりだろう」

矢作先生は、優しく微笑みます。

「よかったら、うちの店に来てください。講義のお礼に、一杯おごらせてくださいよ。駅の商店街の入り口すぐのところにある赤い壁のラーメン屋が『来々軒《らいらいけん》』です。いや、店に来てくださらなくてもいい。またどこかでお会いできたら、うれしいです。それじゃあ失礼します！」

「はい。おいしい焼き芋をご馳走様でした。失礼いたします」

二人は会釈を交わし、達雄はスタスタと歩いていきます。

突然、達雄は振り返り、こう叫びました。

「私、ゲームから絶対に降りませんから！」

矢作先生は、笑顔でうなずき、深く一礼を返します。

歩き続ける達雄の後を、２匹の蝶がどこまでも追いかけていきました。

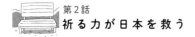

［第3話］

行き過ぎた「コロナ不安」のおかげで、自宅に引きこもり、
日常生活すらままならなくなっていた主婦の慶子《けいこ》。
しかし矢作先生のオンライン講座を視聴することで、
「不安」という重い鎖の存在に気づきます。
はたして、慶子は魂の自由を取り戻せるのでしょうか。

「新コロちゃん」の正体

情報の海で翻弄される人たち

矢作先生が主宰する塾では、オンラインでの講座も積極的に開かれています。

1回約2時間の講座のうち、最後の約30分は質疑応答です。

しかし、受講生からの問いが非常に多く、矢作先生が丁寧に答えるため、質疑応答の時間は自動的に延長されるのが常でした。

特に多い質問は、やはり「新型コロナウイルス」についてのお悩みです。

これまでのオンライン講座では、毎回必ずコロナについての質問が寄せられていました。

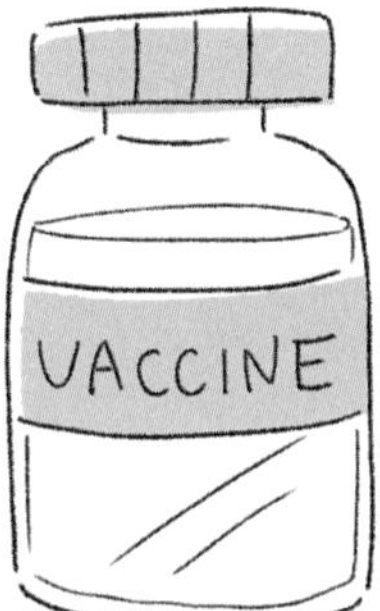

そもそも、矢作先生の塾の講座がオンラインに切り替わったのは、コロナ騒ぎのせいでした。とはいえ、矢作先生はひそかに心を痛めていました。

なぜなら、コロナについての本を出したり、ＹｏｕＴｕｂｅなどで発信をしたりしても、コロナについての真実がなかなか広まっていかないからです。むしろ溢れかえる情報の海の中で、悩む人が増えている印象すらありました。

いったいどうすれば、正しい情報が伝わるのか。矢作先生は、受講生の期待に応えるべく、講座の内容をブラッシュアップし続けていました。

コロナ不安の底にある本音

あるときのオンライン講座で、受講生の慶子《けいこ》が矢作先生に質問をできることになりました。慶子は、矢作先生と話をするのは初めてです。

それまでのコロナへの不安をぶつけるかのように、堰《せき》を切ったように、矢作先生に問いを投げかけます。

「先生、私はとっても怖いんです。毎日誰とも会わず、外にもほとんど出ず、パソコンで情報を集めています。画面の見すぎで、目が疲れてしまうほどです」

「そうなのですか。目が疲れるのは、大変ですね」

「でもおかげさまで、コロナについては詳しくなれました。コロナにはかかってもいませんし」

矢作先生は、静かに微笑みます。

「でも最近、いい加減疲れてきちゃったんです。私、コロナの情報を集めることが日課みたいになって、それ以外、何もしていないんです……。前は、パートに出ていたのですが、コロナがはやり始めてからやめました。夫が養ってくれているから、贅沢をしなければ生きていけます。それにうちは子どももいないし、私、家にずっとこもれるんです」

「そうなのですね」

「ほんと、ラッキーです」

「では……、今のあなたのご質問というのは？」

「そうでした、ごめんなさい！　今の私、コロナの情報を調べるためだけに生きているような気がしていて……。ちょっと疑問を感じているんです」

「あなたがそう感じるのなら、その通りなのかもしれませんね」

「えっ？　どういうことですか？」

「つまり、コロナについては、もうこだわりすぎなくてもよいのではないでしょうか？」

「ええっ？　だって新しい情報を仕入れていかないと〝大変なこと〟になっちゃうでしょう？」

「慶子さんのおっしゃる〝大変なこと〟とは？」

「まず、情報を知らないと、コロナにかかりそうです。重症化したら大変ですよねぇ」

「重症化したら、いったい何が〝大変〟なのですか？」

「入院するかもしれないし、生活が変わってしまいそう。それに体がしんどくって大変だって経験者が語ってますよね。後遺症もつらいとか」

「生活が変わったり、体がしんどくなったり、後遺症でつらくなったりすることがあなたにとって大変なのですね」

「そりゃそうでしょう。それにたとえ若くても、最悪は死ぬそうじゃないですか。もう〝大変〟ですよ！」

「慶子さん、落ち着いて考えてみましょうか。あなたは最終的に〝死ぬこと〟が〝大変〟ととらえているわけですね」

「もちろん。矢作先生のような特別な方はともかく、私のような普通の人間にとっては、〝死〟って大変なことです！」

「今日が最後の日」という覚悟で日々を生きる

「私は、特別な人間ではないです。慶子さんと同じ普通の人間です。ただ、この世での〝寿命〟に対する理解が違うだけだと思います」

「寿命？」

「はい。まず、新型コロナウイルスだけを特別扱いして過剰反応するのをやめてみませんか。ためしにコロナと他の病気を比べてみましょう。たとえば、厚労省の『事務連絡』（＊）による水増し効果が出始める前の２０２０年７月のデータでは、我が国のコロナによる死亡者は９８５人です。一方、風邪などによる感染性肺炎の死亡者は、２０１８年のデータを見ると９万５千人です。その中にはインフルエンザ肺炎による死亡が３３００人も含まれます」

「確かに、そう言われれば少ないかもしれません。コロナが985人、感染性肺炎の死亡者が9万人。ゼロが2つも違いますね」

「はい。そもそも、交通事故による死亡者数は、2019年のデータによると3215人。つまり、普通に自転車や車を運転したり、道を歩いたりしているだけで命を落とすこともある。それは、その人の寿命が来たからだととらえてください」

「え、ちょっと待ってください。日本では1年間に、交通事故で3215人もの人が亡くなっているんですか？」

「はい。皆さん、この世で果たすべきお役目を抱えて生きています。それを終えて、寿命が尽きたから、この世を去っていくというわけです」

「じゃあ、コロナで亡くなった人も、インフルエンザで亡くなった人も、交通事故で

（＊）厚生労働省新型コロナウイルス感染症対策推進本部が2020年6月18日に、各都道府県・保健所設置市・特別区の衛生主管部（局）宛に出した、「新型コロナウイルス感染症の陽性者で、入院中や療養中に亡くなった方については、厳密な死因を問わず、『死亡者数』として全数を公表するようお願い」したもの。

亡くなった人も、寿命が尽きたっていうこと？」

「はい。病気や交通事故そのものが命を奪った、というより、『そのような筋書きになっていたのだ』ととらえるほうがよいでしょう」

「はぁ……。そうなのですか。でも、私たちはその筋書きを先回りして自分で知ることはできないのですよね？」

「はい。では、もし慶子さんが、その筋書きを先に知ることができたとしたら、いったいどうしますか？」

「自分の好きなことをします。人生が終わるその日までに」

「では、さっそく今、この瞬間から、自分の好きなことをなさってみてはいかがですか？　誰も、慶子さんの自由を奪ってはいないはずです。つまり、筋書きを先回りして知っても、知らなくても、同じことなのではないでしょうか」

「なるほど。そう言われればそうですね」

『今日が最後の日かもしれない』という覚悟で、毎日好きなことをする。そんな日々を積み重ねればよいのではないでしょうか。『私の寿命はいつなのだろう』『コロナになったら大変だ』とおびえて過ごし続けるよりも、そのほうが建設的ではありませんか？」

「確かに。私、今まで『絶対に死なないようにしよう』とばかり考えていました。『死なないため』の情報収集をしていて、好きなことなんて何もしていませんでした」

「『好きなことをしない』というのは非常にもったいないことかもしれませんね。そもそも生きることに危険や失敗はつきものなのです。ゼロリスク、ということはありえません。ですから肚《はら》を据えて、逞《たく》しく生活してまいりましょう」

大切なのはワクチンよりも免疫力を高めること

そのときです。オンライン講座の回線に、突然ガサガサという物音が入りました。男性の声も聞こえます。矢作先生が静かに待っていると、慶子が再び話し始めました。

「先生、申し訳ないんですが、もう少し続けさせていただいていいですか？ うちの夫が、どうしても質問させてほしいことがあると申しまして……」

「はい、どうぞ」

「はじめまして。コロナのワクチンの件です。これからどこかの国で、どこかの製薬メーカーが開発に成功すると思います。その後、日本でも普通にそれを打てるようになったとしたら、私たちはそれを打ったほうがよいのでしょうか？」

「結論からいうと、コロナのワクチンを予防接種したとしても、コロナにかかる可能性は十分にあります。どれだけ開発が進んでも、100％発症を防いでくれる予防接種はない。その点については、納得いただいていますか？」

「ええっ？　予防接種って、効き目はほぼ完璧なんでしょう？　そうじゃないと、わざわざ病院に出かけて打つ意味がありませんよね」

「インフルエンザワクチンを思い出してみてください。メインの種類として、A型とB型がありますが、インフルエンザワクチンはA型の発症リスクを半分程に減ずる、という事実が明らかになっています。だからワクチンを打ったのに発症する人、という人が少なからぬ数、いらっしゃるわけです」

「そういえば、お隣の奥さん、インフルエンザワクチンを打ったのに、なぜかインフルエンザになったって驚いてました……」

「はい。医者の立場からいわせていただくと、発症予防策としてワクチンを打つよりも、ご自身の免疫力を高めていただきたいのです」

第3話
「新コロちゃん」の正体

「その言葉もテレビでよく聞くんですけれど、免疫力っていったいどうすれば高めることができるんでしょう？　サプリとか買えば手っ取り早いんですか。ビタミンCの錠剤とか、良さそうですもんねぇ」

「特別なことをする必要なんてありません。『昔の人が、それをやっていたかどうか』を判断の基準にしてみてください。たとえば、江戸時代の人が、サプリを買って、毎日飲んでいたと思いますか？」

「いえいえ、絶対にないですね」

「では、考えなくていいということなんです。それよりも、昔の人の食事にならえばいいでしょう。お米、できれば玄米を炊いて、みそ汁、野菜、そして納豆やぬか漬けなどの発酵食品を豊富にとる。それだけで、食生活の面では満点です」

「特別な食事ではないんですね。美食でもないし、おカネが特にかかるわけでもない」

「それ以外の生活習慣の面では、万物に感謝し心を穏やかにもち、電話でもよいので人と話をし、寝不足にならず、体をよく動かして、毎日湯船に入って、体を温めることも大切です。もう当たり前のことです」

オンライン講座の回線で、慶子とその夫がうれしそうに話す声が聞こえます。

負の感情やストレスを手放す

再び、慶子が話し始めました。

「矢作先生、今日はいろいろわかりました。夫婦揃って安心することができました。コロナが怖くて自宅にひきこもっていると、なんだか心がおかしくなりますね」

「そうなのです。自宅にひきこもりすぎる、というのは体にとっても心にとってもよくありません。太陽の光を浴びる量が少なくなってしまいますから、ビタミンDという成分が活性化されなくなってしまいます」

「ビタミンDは、食事だけでは補えないのですか？」

「はい。食事でとるビタミンDは、不活性型といいます。それが太陽に当たって活性化されることで、免疫を向上させると言われています。だから、少しでも体に日光を当てたほうがいいでしょう。もちろん大通りに出る必要はありません。自宅のベランダで数分間、日向ぼっこを楽しむだけでもいいのです」

「わかりました。日向ぼっこでしたら、我が家でもすぐにできます」

「あとは、メディアとの距離を保つことです。慶子さんに限ったことではありませんが、コロナ騒ぎは、世界中の人たちがより洗脳されやすい状況になっているんです。正常な判断ができなくなり、必要以上に不安に駆られて、おかしな情報を信じ込んでしまいます」

「でも、テレビの情報なら、確実ですよね?」

「いいえ。あらゆる大手メディアの情報は、一面的なものといってよいでしょう。特にコロナについてはなおさらです」

「じゃあ、何を信じればよいのですか」

「メディアの規模に左右されないことです。また、最新情報を追うことに躍起《やっき》になる必要もありません。そういってしまうと身も蓋もありませんが……」

「わかりました」

「不安なときこそ外から情報を仕入れようとしてしまいますが、自分自身の感覚を信じることです。そして、自分のしたいことをして、自分の人生を充実させることです」

「そうおっしゃいますが、なんだか難しそうですね」

「はい。実はそれが最も難しいことです。誰にとっても、です」

「よかった！　私だけができないわけじゃなかった！」

慶子は、明るい声で笑いました。つられて矢作先生にも笑顔が浮かびます。

「不安なときに、情報をむさぼり、より不安になってしまう。その心の動きは、お年寄りがオレオレ詐欺にひっかかる心理と、とてもよく似ています」

「ええっ、私、まだオレオレ詐欺にひっかかるような年じゃないと思っていたのに！」

「年齢は関係ありません。そしてその状態が続くと人は誰でも、洗脳されてしまう可能性があります。だから、洗脳されにくいように自分をしっかりと保つ必要がありま す。特に、不安や心配は手放しましょう」

「それも難しいですよ。コロナ以降、私は、常に不安でいっぱいですし、先のことばかり心配しています。きっと皆さんも同じじゃないかしら……」

「慶子さん、コロナにかからないためには、食習慣や生活習慣と同時に、すごく重要なことがあります」

「なんですか？　先生、まさか『おカネ』とか言わないでくださいよ」

「おカネの有無なんて、まったく関係がありません。不安や恐れ、心配――そういった負の感情やストレスを抱え込まないことです。思考は現実化します。特にネガティブなことは実現してしまいがちです」

「まあ、怖い。あ、怖がってはダメなんでしたね」

「はい。世の中の多くの方々は、心配することが大好きです。現在を生きるのではなく、悪い未来や最悪の事態を先取りして、神経をすり減らしています。誰にも頼まれていないのにです。そういう方こそ、コロナにかかりやすくなってしまいます。コロナにかかるかどうかは、心持ちひとつで変わるのです。ですから、**『恐れ』よりも『感謝』の念を持てば、体は元気になります。**それほど感謝の念は、パワーを秘めているのです」

「その証拠はありますか?」

「コロナについては、現在進行形の話ですし、『恐れている人』と『感謝している人』のどちらがコロナにかかりやすいのか。その数を比較するのは、現実的には難しいでしょう。ただ、『恐れ』ではなく『感謝』を意識するだけで、世界中に広がっているこの事態を乗り越えやすくなるのは間違いありません」

「なるほど」

「特に、コロナという病気は、ほとんどの場合、症状は重篤にはなりません。また、若い人はそもそもかかりにくい。コロナの発症とは、宝くじに当選するようなものです。それでも『なってしまったら』という不安が拭い去れない場合は、もう『**なってしまったらなったとき**』**と開き直ることをおすすめします**」

「わかりました。宝くじレベルの話なのですね。では、コロナを恐れてじっとしているよりも、何か他の活動をしたほうが良さそうですね」

「その通りです。楽しいことや好きなことに集中する時間を増やしてみてください。その瞬間、どんな人でも不安はなくなりますから」

「好きなことは、私にもたくさんありますよ！　旅行とかカラオケとか、スポーツジムとか。でも時期がくるまでは、家でひとりで油絵を楽しんでみようかしら。昔、コンクールで入選したことがあるんですよ」

「それは、とてもよいと思います」

「新コロちゃん」には〝感謝〟をもって接する

そのとき、慶子のスマホにラインの通知が入りました。

第3話
「新コロちゃん」の正体

素早く操作をした慶子は、約1年会っていない友人から、ランチへのお誘いが来たことを知ります。スマホの画面には、次のようなメッセージがありました。

「慶子、しばらく会ってないけど元気？　たまには、ランチでも行かない？」

コロナのことが頭から離れない慶子は、メッセージを見て身を硬くします。

「矢作先生、お話はよくわかりました。追加でひとつだけおうかがいしたいです。友人に外で食事しようって誘われているんですけれど、行っても大丈夫でしょうか？」

「そうですか。慶子さんは、何か持病がありますか？」

「いえ」

「では、普通の対策をして、お出かけになっても大丈夫ではないでしょうか。お店側に求められれば、消毒や検温などに応じればよいでしょう」

「だ、大丈夫でしょうか？」

「はい。**コロナだけを特別扱いをすることはありません**。他の感染症と同じレベルで気をつければよいのです。かかると人によってはしつこいけれど、概ね一般的な風邪と同じと思ってください。外出から帰ってきたら、うがいと手洗いという当たり前のことをする。そして、無理をしすぎず、健やかに穏やかに生活をする。自分の『お役目』と思えることを頑張ったり、好きなことに没頭したりする。それでよいのではないでしょうか」

「わかりました、少し気が晴れました」

「よかったです。では、さっきのお友達からのお誘いは、〝神様からのお便り〟だったかもしれませんね」

「神様からのお便り……？」

「はい、身近に小さな変化が起こることがあるんです。それはたいてい幸せな気持ちにさせてくれる変化です。病気についての知識を調べ続けることよりも、そんな変化に気づけるほうが、何倍も大切なことかもしれません」

「私にも神様からのお便りがやってきたんですね。それはうれしいです」

「コロナウイルスに対する不安や恐怖で抵抗力は落ちます。だから、悲観的な報道や、不安を一方的に煽《あお》るようなニュースを遠ざけることが大事です。そして、できるだけ〝幸せ〟や〝希望〟で心を満たしておくことです」

「幸せも希望も……、最近、感じたことがありません」

「私は『新コロロちゃん』と話しかけて、コロナに感謝の念を送るようにしています。

コロナウイルス自身も不安や恐怖でいっぱいで、暴れ回っている状態なのです」

「なんだかかわいそう」

「はい。ですから、基本は『地球への感謝の念で満たしていく』という姿勢でいれば、コロナウイルスの騒動とも、無縁でいられます。私はそれを『エネルギーの質を高める』という言葉で表現しています」

「わかりました。ありがとうございました！」

慶子は、その後も講座の視聴を続けます。他の質問者も、慶子と同様にコロナにまつわる疑問を矢作先生に率直にぶつけています。

（やっぱり、皆さん心配よねぇ）

すべてのプログラムが終わり、慶子はオンライン講座から退出しました。

「ねぇ、今日の矢作先生の講座、すごくよくわかったよね」

慶子が、隣の部屋でリモートワークをしている夫に声をかけながら、窓の外を眺めると、空には大きな二重の虹が架かっていました。

「ちょっとちょっと、大きな虹。気づいてる？」

「おおー！」

夫は歓声を上げながら、優しく慶子に微笑みます。

「まさに、神様からのお便りじゃないか!」

慶子は大きくうなずいたあと、戸棚を開け、ガサガサと油絵具のセットやイーゼルなどを探し始めました。

そして1時間後、イーゼルにキャンバスがセットされ、油絵具も一式きれいに並べられ、いつでも絵を描けるような態勢が整ったのです。

コロナにだって感謝の気持ちを持つ

それからの慶子は、これまでの生活を見直し、まるで別人のように時間の過ごし方をガラリと変えました。

まず、テレビをつけっぱなしにせず、見たい番組だけを選んで見る。ワイドショーは極力見ない。かわりにクラシックやジャズ、ポップスなどの音楽を流すようにしました。

食生活も少しずつ、「昔の食事」へとシフトしました。幸い調理には慣れているので、

第3話
「新コロちゃん」の正体

食材をヘルシーなものに変え、発酵食品を多めに取り入れるなどしましたが、大きな努力は必要ありませんでした。

ベランダでの日向ぼっこも、夫婦揃ってスタートさせました。そして「光をじっと浴びているだけではもったいない」と、プランターや土を購入し、ベランダガーデニングまで始めました。

なんといっても最大の変化は、ウォーキングを夫婦で始めたことです。

夜は早めに就寝し、朝5時には起床。6時台は、近所の海岸通りを二人で気持ちよく歩くことにしたのです。そのせいでしょうか、夫婦の絆はコロナ以前よりも深まりました。

趣味の油絵も、矢作先生との約束通り実行。とあるコンクールへの入選を目指して、毎日少しずつ筆を進めています。

そんな、ある日曜の朝のことです。部屋でキャンバスに向かい、絵筆を走らせている慶子に、夫が近づいてきました。

慶子のまっすぐな視線の先には、ベランダで育ったハーブの鉢がありました。

「集中しているね」

「気持ちいいわよ。特に、このグリーンを見てると、癒される」

「日光浴もできるし、絵のモデルにもできるし、おいしく食べることもできる。ベランダガーデニングは一石三鳥だな。矢作先生のおかげだ」

「そうね。矢作先生のおかげで、もう一度絵具を引っ張り出してくる気持ちにもなれたし。私、昔よりも絵を描くことがとっても楽しいの。絵描きや、イラストのプロになれたわけじゃないけれど……。何色もの色を重ねて、理想の色を出せるように探っていくことに、喜びを感じるの。幸せだなぁって」

「お前、そんなこと今まで一度も言ったこと、なかったよな……。俺も、何か趣味、始めようかな。ちょっと、ベランダで日向ぼっこしてくる」

夫は、部屋を出ていきました。

その直後、慶子の部屋を静かにノックする音がします。

「おい、ベランダにかわいいお客さんが来てるよ」

「え、誰?」

「いいから、ちょっと来て」

二人がこっそり駆けつけ、身を隠しながらベランダを眺めると、洗濯ものに1匹のスズメが混ざっているのが見えました。タオルハンガーに乗り移り、ピョンピョンと遊んでいるようです。

「こんな都会で、こんなに間近にスズメにお目にかかるとは思ってもみなかったよ。植物とか、動物とかっていいねぇ」

「ほんと。私もそう思う」

慶子は、矢作先生の「神様からのお便り」という言葉を思い出します。

「これも、コロナのおかげかもな。矢作先生、オンライン講座で言ってたじゃん。感謝が大事って。俺も本当にそう思うよ」

慶子は、本棚にある矢作先生の著作に、手を伸ばすのでした。

［第4話］

わが子の教育に熱心に取り組んできた親、由佳《ゆか》。
けれども、矢作先生との出会いで、
「命」や「教育」の本質に気づき、自信が揺らぎ始めます。
そして「日本」や「天皇」について、新たな知識を得た由佳は
さらに大きな問いを抱えることに……。

ちびっこギャングの正しい育て方

サッカーボールで突然の〝ごあいさつ〟

矢作先生が、公園のベンチで本を読んでいます。

すると、隣のベンチに若い母親たちが3人、やってきました。母親たちは、手にしているお揃いのロゴ入りの青いリュックを、ベンチにドサリと置きます。

「じゃあ、今日のお当番、よろしくお願いしまぁす。30分後に、また来るわねぇ」

二人の母親は、帽子をかぶった由佳《ゆか》にそう言い残すと、去っていきました。

由佳は、ジーパンのポケットからスマホを取り出し、ラインのやりとりを始めます。

しばらくすると、遠くからにぎやかな男の子たちの声が聞こえてきました。男の子

第4話
ちびっこギャングの正しい育て方

たちはサッカーボールを足で奪い合いながら、矢作先生のほうへと近づいてきます。

そして翔《しょう》太《た》が思いっきり蹴ったボールが、矢作先生の肩口に命中してしまいました。

「ドン！」

スマホの操作に集中していた由佳は、ようやく顔を上げます。

読書に集中していた矢作先生も、ゆっくりと顔を上げます。

由佳はあわてて、反射的に矢作先生に頭を下げます。

「すみません！　おケガはないですか？」

すると男の子たちはボールを拾い、大きな歓声を上げながら、クモの子を散らすように逃げていきました。

「ちょっと、謝りなさい！　本当に申し訳ありませんでした。ごめんなさい」

由佳のお詫びに、矢作先生は静かに会釈を返します。

矢作先生は再び本を読み始め、由佳もスマホの操作を再開します。由佳はＳＮＳの画面を開いて、「いいね」を押し始めました。

数分後、男の子たちが再び、矢作先生のほうに静かに近づいてきます。そして翔太が矢作先生の背中に狙いを定めて、ボールを蹴ろうと構えます。

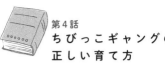

そのとき由佳が、男の子たちの足音に気づいて立ち上がり、大声で叫ぶと、男の子たちは、再び歓声を上げながら、逃げていきます。

由佳は、帽子をとって、矢作先生に向き合い、頭を何度も下げます。

「申し訳ございません、本当にご迷惑をおかけいたしました」

矢作先生は、静かに微笑みます。

「お気になさらないでください。お子さんは、元気が一番です」

由佳はホッとした様子で会釈を返し、帽子をかぶり直して、ベンチに再び腰かけます。そしてバッグからペットボトルの水を取り出して一口飲み、放心した状態で空を仰ぎました。

塾が始まるまでの、つかの間のサッカータイム

しばらくすると、男の子たちが由佳のベンチのほうに、またまた近寄ってきました。翔太はボールを思いっきり蹴り、ベンチに置かれた青いリュックのひとつに、命中させます。リュックはベンチから落ちはしなかったものの、砂まみれになりました。

第4話
ちびっこギャングの正しい育て方

スマホに熱中していた由佳は、ようやく顔を上げ、大きな声を出します。

「いい加減にしなさい！　もう帰るわよ！」

「わーい。じゃあ、5時から塾に行かなくていいな。みんな、帰ろうぜ」

「イエーイ！　じゃあ、俺んちにゲームしにこいよ」

ハイタッチをして喜ぶ男の子たちに向かい、由佳はあわてて機嫌を取り始めます。

「あ、今のは嘘よ。塾はちゃんと行きましょうね。それまで、ここの公園でおとなしく遊びましょうね」

「ええー、行きたくないよ。だって、つまんないもの」

「じゃあ、塾の帰りに何か甘いもの、食べましょうか？」

「イエーイ！　じゃあ、僕たち静かに遊んでるね」

男の子たちは、ボールとじゃれあいながら、由佳から離れ、公園の中央へと向かっていきます。由佳はため息をつき、ベンチに座り込みます。そして、リュックについた砂を落とすうちに、外側のポケットから小さなゴムボールが落下し、矢作先生の足元へと転がり、その靴に当たって止まりました。

矢作先生はボールを拾い上げ、由佳に渡します。

「転がってきました」

「ありがとうございます！　すみません」

由佳は恐縮して、ボールを受け取ります。

そのタイミングで由佳は、矢作先生が手にしている本に、目をやります。そこには「教育勅語」「詳しく解説！」という文字が大きく書かれていました。

由佳は、矢作先生に話しかけます。不思議と躊躇《ちゅうちょ》する気持ちはありません。

「すみません、いろいろとご迷惑をかけてしまって。さっき、ボールが当たった肩は大丈夫ですか？　あとで何かあると大変ですから、病院に行かれたほうがよいのでは？」

「いえ、この程度で病院に行くようでは、生きていけませんよ。むしろ、私にとっては神様からのお便りでした」

「神様からのお便り？」

「はい。『これから、人生が好転しますよ』という神様からの合図です」

茶目っ気のある表情をしてみせる矢作先生に、由佳の緊張は和らぎます。

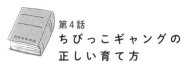

教育で大切なのは〝魂〟が込められているか

「それより、サッカーがお上手で素晴らしい。あの距離からベンチに座っている私の肩に命中させるとはかなりの腕前です」

由佳は真っ赤になってうつむきます。

「うちの子、言うことをまったく聞かなくって。お恥ずかしい限りです」

「どこのお子さんもそうです。お気になさらないでください」

「いいえ、親の責任です」

「それより……、徳育《とくいく》が行われていないからでしょうね」

「徳育？」

由佳は、矢作先生を見つめます。

「徳育と道徳とは違うのですか？　学校では道徳の授業は行われているようです。教科書も見たことがありますし」

「徳育と道徳は、たしかに似ています。ですが、徳育のほうが、より実践的な人格の形成に重点を置いた言い方です。人と人が協力し合って、社会をつくっていこうとするときに、徳育はとても大事です」

「徳育なんて考え方、私は聞いたことがありません。道徳の授業を受けていれば、大丈夫と思っていました」

「もちろん、日本の学校では道徳の授業が行われていますし、教科書もあります。でも大切なことはやっぱり、『教えている人』がどれだけ本気でやっているかということです。……すみません、私、話しすぎてしまうので、ここらへんで」

「いえ、聞かせてください。そういったお仕事をされているんですか？」

「はい、日本の将来が良くなるようにと思っていますので」

由佳は、矢作先生を尊敬の眼差《まなざ》しで見つめます。

「学校でも道徳の授業はありますが、さらりと表面的に行っているだけであれば、ただでさえ中身が少ない教科書が、形骸化しかねません。もちろん、今の学校の道徳の授業が駄目だとは言いませんが、**『魂』が入っているかどうかというのは、大きな問題なのです**」

「私自身、徳育についてよくわかっていません。そういえば、年老いた両親が以前、『教育勅語』が廃止になったのは大変残念だと嘆いていました。『教育勅語』と『徳育』って関係があるのでしょうか？」

「はい、大いに関係があります」

「私、『教育勅語』の中身もよくわからないのですが……。いったいどういうものなのですか？　戦争中の心構え、という程度のイメージしかないです。私の世代は、みんなそうだと思います」

「ええ、皆さんそうだと思います。だからこういった本が多く出ているのでしょう」

教育勅語を下敷きにした本がベストセラーに？

由佳は、その本をじっと見つめます。

「『教育勅語』は本当によくできたものです。明治になって、急速に西洋化が進んだとき、世間全体がどうしても実利に走るような傾向がありました。そこで明治天皇は、明治10年ぐらいから、『徳育にもっと力を入れないといけない』とお考えになられたのです。それから、しかるべき担当者たちに『徳育を研究するように』と指示を出されました。それで、まず明治15年に当時の宮内省から、子どもたち向けの徳育の教科書として『幼学綱要《ようがくこうよう》』というものが出されたのです」

「明治時代から、徳育の教科書があったんですね」

「はい。さらに明治23年になって、国民全体に徳育をシンプルな形で、広く語りかける形で『教育勅語』が出されました。それは命令や『勅令《ちょくれい》』ではなく、天皇が国民に語りかけるという形で、12の項目に集約してまとめられました」

「そんな流れはまったく知りませんでした。教育勅語って、誰が書いたのか知らなかったんですが、明治天皇がつくられたものなんですね」

「はい。学校教育を受けているだけでは、そこまで印象に残らないことかもしれません。でも、教育勅語は本当にうまくまとめられています。親孝行や友愛、夫婦の和、朋友の信、謙遜、博愛、修学習業、智能啓発、徳器成就、公益世務、遵法、義勇というような、**人として身につけておくべきごく当たり前のことが述べられています。**もちろん『当たり前』というのは『ありきたり』という意味ではなく、人間にとって必須の原理原則、という意味です」

「内容が優れている、というのはよくわかりました。でも、教育勅語って、戦後になくなりましたよね？」

「はい。第二次世界大戦での敗戦後、ＧＨＱによって廃止されたのです。ＧＨＱの中でも、『民政局』という共産党色の強い部署と、軍の中枢の考えが近い『参謀第二部』という間で意見が分かれてしまい、当時、力の強かった民政局に押し切られた形で、廃止されました。でも、過去には柴山昌彦《しばやままさひこ》さんという文部科学大臣が、教育勅語について『道徳などに使うことができる分野は十分にある』と発言されていました。私も、そう思います」

「へえ、意外です。だって『教育勅語』と聞くと、大昔のものっていう印象が強くて。今の時代にそぐわないんじゃないかって思っちゃいます」

「本当に普遍的なものは廃《すた》れません。実際、海外からの『教育勅語』に対する評判は相当高かったのです」

「ええっ、海外から？」

「はい。たとえば、当時世界最強国であったイギリスのロンドン大学から日本国政府に『教育勅語についての講演をしてほしい』というオファーがあったほどです。かつて東大総長や文部大臣を歴任した教育行政の大家の菊池《きくち》大麓《だいろく》という方が、ロンドン大学で講演をされました。その講演録が出版され、世界の枢要な国に、広がっていったという経緯もあります」

「教育勅語がそんなにすごいものだったなんて……」

「イギリスだけではありません。アメリカでの評判も上々でした。1970年代のベトナム戦争で、アメリカの若者たちがダメージを受けて、世の中が乱れたときです。当時のレーガン政権のときに、文部長官だったウイリアム・ベネットという方が、日本の『教育勅語』を下敷きに『The Book of Virtues』という教科書をつくられ、アメリカ国内では聖書に次ぐ大ベストセラーになったそうです」

「聖書に次いで人気が出たって、すごい話ですね」

「もちろん、他国の徳育の教科書も参考にされたそうですが、教育勅語に対する評判は相当なものだったと伝えられています。日本語に訳すと『道徳読本』です」

「でも、そんな本、いったい誰が買うんですか？　『道徳読本』だなんて堅苦しく聞こえます」

「それが、アメリカの家庭の教育で大切にされたそうです」

「ええっ？　私、アメリカにそんな真面目なイメージはありませんでした」

「それほど、教育勅語の素晴らしさに多くの人たちが共鳴したのです」

「じゃあ、日本の学校でも教育勅語を使って道徳の授業をしてくれたらいいのに」

心の教育は、やっぱり家庭から

矢作先生は、静かに話を続けます。

「すべてについて言えることですが、なんでも国や学校に期待をするのは、やめたほうがよいです。誰かにやってもらうのではなく、各家庭でできることなのですから」

「じゃあ、私も『教育勅語』の解説本を買って読めばいいんですね」

「もちろんそれでもよいのですが、**一番のおすすめはインターネットで原文と訳文を探して読むことです**。検索をすれば、すぐに見つかります。文量も、少ないものです。ちょっと気の利いた幼稚園や保育園では、子どもたちに暗唱させています。つまり、そのぐらいの文量なのです。お忙しい親御さんには少し言いづらいですが、学校教育におんぶに抱っこするより、自分たちで育てようという心構えが大切かもしれません」

「わかりました。私、子どもたちには早期教育が大事だと思っていて、読み書きと計算の塾に幼稚園の頃から通わせていました。でも、そんな勉強と同じくらい大事なことがあるのですね」

「今の時代、幼い頃から勉強に向かわせる親御さんが多いことは、私も存じ上げています。受験戦争の低年齢化も承知しています。私は、それを全面的にやめるべきと言いたいわけではありません。当事者ではありませんから。でも、日本人として、徳育がすっぽりと抜け落ちていることは由々しき事態だと思っています」

由佳は何度もうなずきます。

「親御さんが、もっとお子さんに話を伝えてあげてほしいのです。大きなテーマは2つあります。まず日本という国の成り立ちについて。そして、日本を構成している日本人としてのあり方について。徳育が伝えようとしているのは、この2大テーマです」

「日本の成り立ち？　それは日本史でしょうか？　中学や高校で本格的に学んだ記憶がありますが、小学生に教えるのは、少し早いような気も……」

「いえいえ、決して早くはありません。日本史の出来事や、年号を暗記しなさいという話ではないですから。たとえば神話の時代から、日本の成り立ちを話すというのはおすすめです。さまざまな本も出ています。また、天皇について伝えることも、親御さんの大事な役割です。天皇がいらっしゃる点が、世界中の国々と日本との決定的な違いなのです」

日本は「シラス」、それ以外の多くの国が「ウシハク」による統治

そのとき、遠くから翔太の大きな声が聞こえます。

「おーい！　ママ――！」

由佳は、一瞬その方向に目をやり、大きく手を振り返します。

「天皇について、子どもに伝える？　そういえば以前『お母さん、天皇ってなあに？』って聞かれたことがありますが、適当に答えてしまいました。『日本で一番偉い人よ』って。もちろん、それが完璧ではないとわかってはいましたが、いい答えが見つからなくって……実際、親はどうしてやればよいのでしょう。まず、教育勅語は読むとして、おすすめの本ってありますか？」

「日本の在り方を知る上で、『古事記』がいいと思います。『古事記』は『上つ巻』『中つ巻』『下つ巻』という3つからなっています。天地の創成から神武天皇の誕生まで

が『上つ巻』なのですが、そこに有名な『国譲《くにゆず》り』という神話があります。ご存じでしょうか？」

「いいえ……」

「『国譲り』というのは、出雲のあたりを治めていた大国主神（おおくにぬしのみこと）という神様が、大和《やまと》朝廷に国を譲り渡したというエピソードです」

「大国主神？　名前は聞いたことがあります」

「大国主神には、兄が80人もいたんです。だから虐《しいた》げられていた時期もありました。でも努力を重ね、仲間たちにも助けられ、最後に『大いなる国の主《ぬし》』になりました。若いときは『大穴牟遲神』（おおなむちのみこと）という名前だったのです」

「名前が変わるんですね」

「はい。大国主命というのは、その名の通り、『国の主となる』『領土領民を私的に支配してその上に君臨《くんりん》する』というスタイルでした。それを昔の言葉で『ウシハク』といいます」

「『ウシハク』？　初めて聞きました」

「『主人』（うし）が『履く』、つまり『所有する』という意味です。平たくいうと『偉い人ひとりが、その国や民を自分のものとして支配する』という統治手法です。それは、西洋はじめ多くの王国で行われてきた政治の形です。他の民族を支配するときも、もちろんこの『ウシハク』という手法が使われてきました。大国主神も、最初はそうだったのです。だから、天照大神（あまてらすおおみかみ）をはじめ高天原の神々は、それをよくないとして、地上の政治を天上に任せようとします。神々は、天の安河（あめのやすのかわら）というところで会議を開いて、そう決定したのです」

「神様も会議を開くんですね」

「はい。民主的なんです。それこそ、独裁的な『ウシハク』とは正反対の考え方です。高天原の神々の旗振り役である天照大神は、大国主神に使いをやって、『天上に統治を委ねなさい』『国を譲りなさい』と迫ります。そして、そのときの使いが建御雷神（たけみかづちのかみ）という神様です」

「タケミカヅチノカミ？　舌を噛みそうな名前ですね」

そのとき、遠くから駆けてきた翔太が、由佳に後ろからじゃれつき、パーカーのフードを引っ張ります。

「何のお話してるの？」

「ちょっと！　黙って一緒にお話を聞くか、向こうで遊ぶか、どっちかにして！」

翔太はふざけて舌を出しながら、矢作先生の顔を下から見上げると、矢作先生は、優しく微笑みを返します。

「建御雷神は、出雲の国の伊耶佐（いざさ）小浜（おばま）に降り立ち、そこで剣を波の上に逆さに刺して、剣の刃の先にあぐらをかき、大国主神に交渉しました。そのときに建御雷神が説明する言葉として、古事記には『大国主が領（うしは）ける国』と書かれています。つまり、それが『ウシハク』です」

「『ウシハク』？　変わった言葉ですね」

翔太は、再び由佳のフードを引っ張ります。

「牛が吐くんじゃないのぉ？　ゲェエエエって！」

「こら！　もう、恥ずかしいから黙って！　ママ、お勉強してるんだから！」

「『ウシハク』は、面白く聞こえる言葉ですね。それは昔の言葉、古語だからです。そして『ウシハク』の反対語が『シラス』です。古事記には『我（あ）が御子の知らさむ国』と書かれています。『知らさむ国』の『知らさむ』こそ、『シラス』です」

「『シラス』？　それも初めて聞きました」

「僕、シラス知ってるよぉぉ。ママも昨日、ごはんに乗せて食べたじゃん」

由佳は、あわてて人差し指を口の前に当てる仕草をします。矢作先生は、翔太に向かって微笑みかけます。翔太は満足したのか、ほかの二人の男の子たちのほうに、大声を上げながら走っていくと、矢作先生は、再び話を始めます。

日本の皇室制度の素晴らしさ

「『シラス』も、日本の古い言葉です。『シラス、シロシメス、シメラフ』などと活用されます。漢字では『統（し）めらふ』『統（す）める』となります。その意味は『知らしめる』。つまり、今でいう情報のシェアのようなものです。これを政治のスタイルにあてはめて考えると、あるひとりのもとに、全員が集まって、情報を共有して物事を決定し、力を合わせてよい国にしていくということです。つまり大国主神は、統治のスタイルが『ウシハク』だと指摘され、『シラス』を目指すべきと言われたのです。『たしかに、自分の政治のスタイルはよくない』と納得した彼は、国譲りを行いました」

「素直に認めたんですか？　偉いですね」

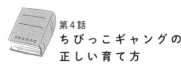

「そうなんです。ですから大国主神を神々たちは尊重し、彼のために壮大な神殿を建てて、その業績をほめたたえました。**それが出雲大社というわけです**」

「ええっ、そうなんですか？　私たち、去年家族で島根に旅行に出かけましたが、出雲大社のそんな歴史については、ちっとも知りませんでした……。はしゃいで記念撮影ばかりしちゃって」

　由佳は、ジーパンのポケットからスマホを取り出し、その待ち受け画面を差し出して見せます。その待ち受け画面の画像は、出雲大社の神楽殿の大しめ縄を背景に撮った、由佳たちの家族写真でした。矢作先生は、それを見て、深くうなずきます。

「これから興味を持っていただければいいんです。出雲大社になんらかの興味を持って足を運ばれたことだけでも、素晴らしいと思いますよ。以前、出雲大社を訪れた上皇后はこんな歌を詠まれました。『国譲り　祀（まつ）られましし　大神（おおかみ）の　奇（く）しき御業（みわざ）を偲びて止まず』」

「はあ……。私たち、出雲大社にお参りにいきましたが、正直、その歌の意味がまったくわかりません……」

「皆さんそうですから、お気になさらず。この歌の『奇しき御業』というのは、さっきお話しした大国主命の国譲りのことを指しています。国譲りのあと、大和朝廷が日本を国として統一し、その皇室が万世一系となりました。万世一系とは、ひとつの系統が続くことです。万世一系の天皇の存在があったからこそ、『シラス』という統治のスタイルの国が成立したわけです。これは世界的に見ても稀有《けう》なことなのです」

「どうしてですか？」

「日本以外の国はすべて、19世紀まで『ウシハク』という政治のスタイルしか知らなかったのです。『王朝』というシステムはありましたが、それらはどれも『国王が私的に国土や民を所有する』というものでした」

「王様って、自分の気持ちひとつで、好き放題に振る舞っているイメージがありますね。もちろん、素晴らしい王様もいたでしょうけれど、民衆を迫害したり、富を独占したりする王様のほうが多い気がします」

「そんなウシハク的な『王朝』と一線を画すのが、日本の皇室制度なのです。日本では、天皇は政治に関与されません。いってみれば、天皇は『政治家よりも上の立場』で、政治をする者たちに権威を授けてこられたのです。**ですから国民は、『天皇の民』であるがゆえに、政治上の権力者から搾取や支配をされずに幸せに暮らしてこられた**

というわけです」

「確かに、天皇は政治には関与してません。それが『シラス』ということですね」

「そうです。ただし、天皇には重大なお役目があります。民と神々を仲介するというお仕事を果たされてきました」

「どういうことですか？　それはまったくわかりません」

「日本の神様たちは、天上の高天原（たかあまはら）とよばれるところにいらっしゃいます。その神々と国民との『とりもち』『仲介』をする役割を果たされてきたのが、天皇というわけです。天皇が国民の心や痛みに寄り添われたり、一方で神々の心をくみとられたりして、理想的な社会を実現していく。**そのような国の在り方を『天皇のしらす国』と表現します。**このように、皇室制度は、日本独自の誇るべきシステムです。ですから、もし海外の人に『日本という国はどんな国ですか？』と尋ねられたら、『天皇のしらす国』と答えるのが一番適切でしょう」

「そんなこと、今までうっすらとしか知りませんでした」

「そうですか。ご興味が出てきたら、そこから少しずつ学ばれていくと面白いですよ」

「はい。いい年をして、今まで知らなかったことが恥ずかしい。これじゃ子どもにきちんとした話ができるわけがありませんよね」

「神話の話としてだけではなく、現代の外交や政治の話としてとらえると、興味が深まるはずです。ニュースを見ていて、なぜこんなに争いが起こるのか、衝突があるのか。根本から理解ができますから。そもそも世界を見渡すと、国民と為政者《いせいしゃ》の間に『支配者対被支配者』の関係がいまだに残っている国があります。ですから日本は本来、非常に民主的といいますか、民主主義を良い意味で超越した国なのです。もちろん、小さな問題はあるかもしれませんが……」

「この話、子どもに伝えます」

「はい、ぜひ。日本とは、みんなが調和して生きていこうというコンセプトを掲げた『しらす国』であることは、多くの人に知っていただきたい事実です。『支配者・被支配者』や『統治者・被統治者』という二項対立の状態が続くままで、世界が平和になるわけありません。日本の存在意義のひとつは『しらす』にあるといっても言い過ぎではないでしょう」

「私、古事記を読んでみます！」

スマホから目を離して、五感を使う

「とはいえ、学者や研究者ではないのですから、神話や歴史をマニアックに学びすぎる必要はありません。お子さんの場合はなおさらです。重要なポイントさえ押さえれば、あとは感性を大事にして、自分のなすべきことを意識して、そのお役目を果たしていけばよいのです。親御さんの役目は、お子さんを『自分の人生を精一杯生きることができる大人』になれるよう導くことです」

「『感性を大事に』とは、よく言われますが、いったいどういうことですか？」

「はい、『虚心坦懐《きょしんたんかい》に生きる』、もしくは『五感を大切にする』というニュアンスです。

現代の人たちは、わざと五感を働かなくさせようとしているかのような生活をしています。たとえばほとんどの人が『息をして、空を見て、歩く』という感覚に、感謝をしていません。歩いているときまでスマホを見て、誰とも視線を合わせず、会話もせずに過ごしています。その人にとっての世界とは、スマホの中だけなのです」

「すみません……、私もそうです」

「いえ、これは皆さんについて言えることです。**特に問題なのは、歩きながらスマホを操作する『歩きスマホ』です。効率がいいように見えますが、実際のところ、五感は死んでいるも同然です。**せっかく体を使って歩いているのですから、ついでに五感も働かせたほうがいいですね。つられて、喜びや感謝の気持ちも湧いてきますから」

「喜びや、感謝……。それも、子どもにしっかりと伝えないといけないですね」

「はい。子どもも、そして大人も、生きていくうえで忘れてはいけないのは『喜び』と『感謝』なのです。多くの人は自分の体に感謝していないものです。たとえば、朝起きたときに息ができることを感謝している人が、そもそもどれだけいるでしょう」

「すみません、私もそんなこと、意識すらしたことがありません。日々、育児や家事に追われていますから……」

「呼吸をしていること、やるべきことがあること、忙しくできること。そのありがたさに気づけるかどうかです。命があることだけでも、ありがたく感謝すべきもの、という認識になると、喜びや感謝が湧いてくると思います」

「そうでしょうね。私はまだまだです。ちょっと心を入れ替えなきゃ」

「少しずつでよいのです。そうなると自然に、顔の表情も、よいほうに変わってきます。心で思うことは自然と顔に出ます。お子さんは特にその傾向が強いはずです。いきいきとした顔になりますよ」

「子どものことより、親がしっかりしないといけませんね」

「親子一緒に、二人三脚でよいのではないでしょうか。親御さんも、子育てを通して大きな気づきや成長を得ることができるでしょう」

「それはうれしいです」

「今、小さなお子さんが育むべきは、まず五感や感性です。たとえば神社に行くと、誰でもなんとなく『すがすがしい』と感じるものです。そういった体験を大事にしてあげてください。『ここは特別な場所だよ』と伝えるだけでも、大きな意味があります。あなたが先ほどおっしゃっていたように、出雲大社にご家族で参拝されたというのは、素晴らしいことなのですよ」

五感を鍛えると、論理思考も得意になる

そのとき、遠くで再び翔太の声が聞こえます。由佳は、大きく手を振り返します。

そして、矢作先生のほうに向き直り、なおも問いかけを続けます。

「でも、出雲大社に行ったのはたった一度だけです。命のありがたさに気づかせるためには、いったいどうやって私は子どもと向き合えばよいのでしょう。毎日神社に連れて行けばいいのでしょうか？」

「いえいえ。『神社』の話は、あくまで一例です。**それよりも『日々を楽しむこと』を積み重ねていけばよいのです。**たとえば外を歩いているときに、『今日は風が気持ちいいね』『あそこにきれいな花が咲いているね』『あの雲は大きいね』、そういった会話を心を込めて行い、楽しむことです」

「そんなに簡単なことでいいんですか？」

「もちろんです。そのように五感を使ったあと、いわゆる机上の勉強をしていくとよいでしょう。五感を鍛えると、論理思考もスムーズにできるようになります。五感を使うことも思考することも、両輪だからです。どちらか片方に偏ることが最も好ましくありません。わかりやすい例でいえば、**心の成長を軽視して、知識偏重の詰め込み式の教育だけを行うことは、本人のためにはなりません**」

由佳は下を向いて黙り込みます。

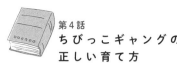

「お言葉、身に沁みます。それにしても、今まで私、徳育についても勉強についても、学校に丸投げしていたようで反省しています」

「昔の学校と、現代の学校とは意味が大きく違います。文部科学省が管轄している学校に、多くの成果を期待するのは、酷というものです。個人が秘めている能力を最大限に伸ばす、という場所ではありません。万人の感性を健やかに育てるという場所でもありません。きつく聞こえるかもしれませんが、金太郎飴のように一定の水準を目安にして、全員の能力を一定水準に揃えようという試みの場です」

「仕方がありませんよね。『みんな一緒』を目指すのが目的なんでしょうね」

「おっしゃる通りです。それ以外の目標を今の日本の学校は持っていません。また、大学についていうと、ものごとを俯瞰《ふかん》的に分析するプロセスや、情報の適切な取り方などを教える大学は少ないのが現状です。リーダー教育もありません。『高等教育』という意味が、昔とは違ってしまいました」

「大学もですか。先が思いやられます」

「もっとも私は日本の教育を全否定したいわけじゃありません。今の学校は、教科ごとに分けられていて、学ぶことが細分化されています。リーダー学のように全体を見るようなものがあれば、よいのですが……」

由佳は「いったいどうすればいいんでしょうか」と、大きくため息をつきます。

「親御さんの意識次第だと思います。日本のことを今までご存じなかったのであれば、お子さんと一緒に学んでいかれるのも、とても素敵なことではないでしょうか。**何歳からでも、魂を磨いていくことはできますから。**育児というのは、もちろん大変なことだと思います。つらいことも多いとお察しします。でも、その時期をうまく活用すれば、ご自身も大きく人間的に成長することができます」

「人間的な成長？」

そのとき、二人の母親たちが現れ、由佳に声をかけました。

「お疲れ様、ありがとうね！」「あの子たち、何か変わったことあった？」

「大丈夫だったよ。じゃ、行こうか」

由佳は深くお辞儀をします。男の子たちも母親らのいるベンチに集まりました。身支度を整えた翔太は、矢作先生のもとに駆け寄ると、深くお辞儀をします。

「シラス先生、今日はボールをぶつけてしまって、ごめんなさい。そして、ありがとうございましたぁぁぁ！」

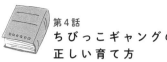

［第5話］

役所の市民課に勤める公務員、拓斗《たくと》。
コロナ禍以降、職場の仕組みが急に変わったり、
窓口にやってくる人たちの態度に余裕がなくなったり……。
「変化についていけない」と彼の心身は悲鳴を上げ始めます。
優しい拓斗は、穏やかな日常を取り戻せるのでしょうか。

過呼吸の理由

魔の昼休み

ある日、矢作先生がマイナンバーカードの取得手続きのために、役所の「市民課」を訪れたときのことです。

役所の本館4階の窓口で手続きを終えたところ、大きな音で正午を知らせるチャイムが鳴り響きました。そして、エレベーターホールへと向かう廊下を歩いていると、目の前を歩いていた拓斗《たくと》が突然その場にうずくまりました。

矢作先生は静かに拓斗に近寄り、静かに声をかけます。

「ご気分でも悪いのですか？」

第５話
過呼吸の理由

拓斗はうなずきます。

「軽い過呼吸なんです、よくこうなるんです」

「救急車を呼びましょうか」

「いえ。すみません、ちょっと肩を貸してもらっていいですか？」

矢作先生が拓斗に肩を貸すと、拓斗は大きく息をしながらこう頼みました。

「すみません、隣の別館の１階玄関にソファのコーナーがあるので、連れていってもらえませんか？　ここでは邪魔になってしまいますので」

矢作先生は拓斗に肩を貸したまま、エスカレーターに乗り込みます。

役所の本館４階から、別館１階に拓斗を連れて移動した矢作先生は、彼をソファに座らせます。拓斗は胸に手を当て、呼吸に意識を集中させています。

「あなたは過呼吸には、慣れていらっしゃるんですか」

「はい。最近も何度か苦しくなりました。病院には行けていないんですが、ネットで調べて『過呼吸』って病気かなあと思っています。お忙しいところ、運んでいただいてありがとうございます。あそこで倒れると、上司に見つかってしまうので……、本当に助かりました」

「ここでゆっくり休んでください。そうだ、ちょっとじっとしてくださいね」

矢作先生は、拓斗の腕をとり、手首の脈をとります。

拓斗は、矢作先生に尊敬の眼差しを向けます。

「もしかして、あなた医療関係者ですか？」

「はい。もう何年も前のことですが」

矢作先生は、静かに拓斗の全身の様子を観察します。

「目が少し充血しているようですが、今日は睡眠不足ですか？」

「ええっ、やっぱりわかりますか……。もしかして、あなたはお医者さんだったんですか？」

「はい」

「あの、僕の話を聞いてもらえませんか。ちょうどよかった、もう病院に行く暇がなくて！　あ、ごめんなさい。失礼な言い方で」

矢作先生は、静かにうなずきます。

「はい。それよりまず、しっかり呼吸をしてくださいね。お話はうかがいますから」

拓斗はうなずき、あたりを見回してから、小声で話を始めます。

無限に上がり続ける、サービスへの期待値

「僕は市民課に勤めている、ここの職員です。もう、窓口が忙しくて、忙しくて……。コロナ拡大のあと、僕の勤める部署は、問い合わせや相談が一段と増えてしまいました。やるべきことや、気にかけるべきことが多すぎて……。処理は追いつかないですし、心も休まる暇がありません。とはいえ、この仕事をやめてしまったら、生きていけなくなってしまいます」

「それは大変ですね。お察しします。でも『忙しいこと』は、あなたにとってよいことなのではありませんか？」

「そうかもしれません。お仕事がない、リストラされたという方もいらっしゃるでしょうから。でも……。ただ忙しいだけではなく、市民の皆さんがなんだか変わった気がするんです。『悩んでいる人、困っている人が増えた』と、毎日感じています。不機嫌な人も増えました。ストレスなのでしょうか、僕たちにきつく当たってくるんです。もちろん、そういう方は今までもいらっしゃいましたから、僕たちは対策もしてきましたし、慣れてもいますが、『心に余裕がないんだろうなぁ』と思わされることばかりです」

矢作先生は、深くうなずきます。

「ありがとうって、言われることが減った気がしますね。皆さん元気がないというか、そこまで気が回らないというか。きっと『窓口の職員なんだから、やって当たり前だろう』と思われている気がします。いえ、もちろんそれでいいんですよ。僕たちは、市民の皆さんに感謝してほしくて、公務員になったわけじゃないですから。『公僕《こうぼく》』なんですから、お役に立てるように頑張ることが仕事です。それに十分なお給料もいただいています。でも、僕たちの目も見ないで、一方的に自分の話をしたり、まるで機械に向き合うみたいに冷たい態度でいらっしゃったり……。仕事とはいえ、心が折れそうです。優しくしてほしいとか、ありがとうって言ってほしいわけではありません。ひとりの生きている人間として、普通に扱われたいんです」

矢作先生は、何度もうなずきながら、話し始めます。

「それは、今の日本の大きな問題です。社会で受けられるサービスへの期待値が、高まりすぎている、ということかもしれません。あなたのような公務員の方々は、サービスの向上を目指して、日々頑張ってくれている。でも皮肉なことに、**頑張れば頑張るほど、サービスを受ける側の満足度は下がるんです**」

「ええっ。どういうことですか？」

「たとえば鉄道会社のサービスがいい例です。ある年の東海道新幹線の平均遅延時間は、24秒だったそうです。世界的に見ても、非常に優秀だと言えます。ですが、定刻から数秒遅れただけでも、お客さんからクレームが入ってしまうのだそうです」

「え、数秒遅れでわざわざクレーム？ それで被害をこうむる人っているんでしょうか。あきれた話ですね」

「でも、遅延なく走っているときには、感謝などされないわけです」

「できて当たり前、と思われてしまうんですね」

「はい。**『足《た》るを知る』という心がお客さんの側に欠けているんです。**だから、技術がいくら進歩しても、お客さんの側は永遠に満足しないかもしれませんね。これが『幸福をもたらすはずの進歩が、不幸を招く』というパラドックス、逆説です」

「なるほど。よくわかります。どこまで頑張っても喜ばれないのなら、サービスを提供する側も、もう努力をしなくてもいいんじゃないかって思いますね」

「ですから問題はお客さんの側なのです。サービスを受ける側の人たちは、あらゆることを高いレベルで求めすぎなのです。古き良き日本人は、そうではなかったはずなのですが、現代の人たちは変わり果ててしまいました」

拓斗は何度もうなずきます。そして、ポケットからミント味のタブレット型の清涼菓子を取り出すと、数粒を手に出し、口に入れました。

「すみません。息苦しくなったあと、いつも、これをなめているんです。気がまぎれるので」

「自分の心を守ること」から、仕事が始まる

拓斗は、矢作先生に問いを重ねます。

「初対面で失礼ですけれど……、立ち入ったことをお聞きしていいですか？」

「はい、どうぞ」

「もしかして、先生もそんな思いをされたことがあるんですか？」

「はい。そんな思いばかりの毎日でしたよ。もう忘れるようにしましたが」

第5話
過呼吸の理由

「お医者さんって、いつも感謝される立場だと思い込んでました」

「どこで働くかにもよるでしょうね。手の施しようのない患者さんや、助からない患者さんばかりが運ばれてくる病棟だってありますよ」

「それは、先生が手を尽くしても、お亡くなりになってしまうっていうことですか？」

「はい、そうです」

「じゃあ……。亡くなった人の家族とかに、厳しく責められたり、大声で泣かれたりもするってことですか？」

「はい」

「それはきついですね。メンタルが崩壊しないですか？　僕、『市民の相談窓口』に3年勤めただけで、もう心がおかしくなりそうです」

「遺族の方々に何か言われることを苦にしていたら、やっていけないかもしれませんね。死と常に隣り合わせの職場ですから。冷たい言い方に聞こえるかもしれませんが、仕方のないことです。医療従事者はみんな、心をうまくコントロールしています。そうでないと、もちません。医療も、医療従事者も」

拓斗はポケットから清涼菓子を再び取り出し、数粒を飲み込みます。

「先生たちの世界と、僕らの世界と、なんだか似ていますすね。仕事は違いますけれども、苦しい点は同じですね。サービスを受ける人たちの要求が、どんどんエスカレートしていくというか。そこで働いている人間は、いくらお給料をもらっていたとしても、大変ですよ」

「はい。どんなサービスも、レベルを上げすぎると、お客さん側は満足を感じなくなるんです。医療の場合、治療のレベルが上がると、助かるのが当たり前になります。すると、万が一助からなかった場合、その人は『なぜ自分が』と不満に思うでしょうし、助かった人は『当たり前』だと思うでしょう」

「そうですすよね……」

「受け手側が〝満足する心〟を失っている中でサービスを向上させるのは、むしろ不幸になります。だからこそ、『足るを知る』という日本人の心を思い出しましょう、と言い続けることが大切なのです」

「そうかもしれませんね。誰か言ってくれないかな。どうすればこの問題、解決しますか？　僕たち役所の人間から、『今のサービスに、どうか満足してください』ってお願いするのも変な話ですし。なんだか、もどかしいです」

他人ではなく、「自分の心」を変えればいい

拓斗は、清涼菓子を噛み砕きました。あたりにその音が響き渡ります。

「相手を変えることは、なかなか難しいですからね。あなた自身の心や行動を変えるほうが早いでしょう」

「え、どうやってですか？」

「あなたが市民の人たちと接するとき、気持ちを変えてみるんです。『この仕事があるから、生活ができる。ありがたい』。そう思うだけで、あなたの顔つきはにこやかに変わるかもしれません。すると相手の態度や言葉遣いも、つられて変わる可能性があります」

「そんなささいな変化、相手に伝わるものでしょうか？」

「もちろんです。たとえば犬を考えてみてください。犬とは不思議なもので、人間を見ると『この人は犬好きかどうか』を、一瞬で察することができます」

「あ、そうかもしれませんね……。僕自身は、犬が嫌いです。小さいときに、犬に噛

まれたことがあって。やっぱりそんな気持ちって、伝わってしまうんでしょうか？」

「はい。ちょっとした意識の持ち方の違いが、どうしても行動に出てしまいます。犬が嫌いな人なら『ちょっと怖い』と思った瞬間に、動きがぎこちなくなったりするものです。すると犬はすぐ反応して、ワンワンワンワンと吠えるわけです。動物のほうが、人間よりも反応が正直なので、そうやって自分の心持ちの映し鏡として、自分に教えてくれるわけです」

「そうですね。じゃあ、僕も『対応する仕事がもうイヤだ』とか『忙しすぎてしんどい』などという感情が、表情に出ていたのかもしれません」

変化を楽しむことこそ、人生の醍醐味《だいごみ》

「あともうひとつ、僕が過呼吸の原因だと思っていることがあります」

「なんでしょうか？」

「最近、いろんなことが変わっていく気がしています。職場の中でもそうですし、世の中全体の雰囲気もそうです。職場の中では、コロナをきっかけに透明の板が設置さ

れるなど、見た目がまず変わりました。相談などの内容も、以前とは大きく異なってきています。そして通勤途中の風景もガラリと変わりました。僕の好きだった飲食店が、何軒もつぶれてしまいました。ですから喪失感があります。それに町全体に活気がない。時代が大きく変わる前の静けさというか、落ち着きのなさを感じて、ソワソワしてしまうのです」

「その変化を楽しんだり、面白がったりするわけにはいきませんか？　もちろん、今『大変だ』と感じるお気持ちはわかりますが……」

「僕、昔から変わることが大の苦手なんです。環境が変わるとか、人間関係が変わるとか、自分の周りが変わることもイヤですが、自分自身を変えることが何よりもイヤなんです。そんな性格だって気づいていたから、仕事も公務員を選んだわけで……」

「お話が、なんとなく読めてきました。あなたは、そもそも『変わること』にストレスを感じるタイプの人なのですね」

「はい。だからちゃんと公務員を選んで、安全な道を確保したつもりなのに、コロナのおかげでいろいろと変わってしまって、苦しいのです」

「あなたの周りが大きく変わっても、それに気をとられすぎることはありません。すべて受け入れればいいだけの話です」

「受け入れる？　それは変化を受け入れるってことですか？」

「はい。世の中の変化を受け入れつつ、あなた自身は毎日、毎秒を一生懸命生き続ければいいだけです」

「ですから僕は、変化が怖いのです。変更事項やら、新しいルールを連絡されるたびに、心の中でビクンと反応してしまいます。もちろんとっても細かいことなんですけれどもね。突然の変更とか、想像もしていなかったことを通達された日に、決まって過呼吸になっていた気がします」

「お気持ち、お察しします。でも、この世の中は『変わっていくこと』が大原則なのです。そして、**どんなことが起ころうと、人はそれらを受け入れ、感謝をすることが大事なのです**」

「すいません、意味がよくわかりません。僕、そんなに人間ができていないですよ。だから、どんなことが起こっても、受け入れて、感謝をするなんて、絶対に無理です」

「心ひとつの問題です」

「じゃあ、たとえば……」

「感謝」こそ、人生の特効薬

拓斗はポケットからスマホを取り出し、バッタが大発生したニュースの画像を検索し、矢作先生に見せます。

「以前、アフリカやインドでバッタが大発生したこと、ご存じですか？　この画像なんですけれど、『サバクトビバッタ』という名前だそうです。こんなにたくさん、空を覆いつくすほど、異常発生したそうです。おかげで『世界的な食糧危機が起きるんじゃないか』と心配されました。ああいった自然の大変化について、人間はいったいどう考えればいいんですか？」

「そうですね。『なぜ、そういうものが生じたのか』という問いに答えるのなら『森《しん》羅万象《らばんしょう》というのはお互いに影響し合うものだから』、ととらえます」

「先生はそこで『怖い』とか、『食糧を買い占めよう』とかは思わないわけですか？」

「怖い、という感情はありません。うまく表現ができないのですが、『人間は、どんな状況に置かれても、その局面で感謝をする道しかない』と私は思っています」

「ええっ、バッタが大発生しても感謝ですか？　僕には信じられない……」

「簡単なことですよ。だって、考えてみてください。朝起きて、呼吸をしているだけでも本当は奇跡に近いことなのです。だから、バッタが大発生したり、天災があったり、事件や事故が起こったり、コロナウイルスが拡大したり……生きているといろんな出来事を体験しますが、いいことも当然数多くあるわけです。ですから『**なんだかんだありますが、いつもありがとうございます**』という心境で過ごすことが大事なのではないでしょうか。そうすればきっと、過呼吸は起こりにくくなりますよ」

そのとき、カランカランという鐘の音とともに、二人の目の前に屋台の弁当屋が現れ、売り出し始めました。それに気づいた拓斗は、立ち上がります。

「先生、すみません。ちょっと買ってきてもいいですか？　あの弁当屋さん、すぐに売り切れてしまうんです。よかったら、一緒にいかがですか？」

「私は大丈夫です、お気遣いなく」

拓斗が弁当を選び、会計を終えると、そこのスタッフに福引に参加するようすすめられます。ガラガラと音がする抽選機を回したところ、3等を引き当て、ペットボトル入りのお茶を景品として手渡されます。弁当とお茶を抱えて戻ってきた拓斗に、矢作先生は微笑みかけます。

「福引で、お茶が当たっちゃいました……。僕、毎日ここで弁当を買っていますが、こんなラッキーは初めてです」

「神様からのお便りですね」

「神様？　お便り？　何ですか、それ？」

「今にわかります。いつもと違う出来事は『事態がよい方向へ変化していますよ』という神様からのお知らせなんです」

「『変化』ですか？　僕、それ一番苦手なんですけれども」

拓斗は苦笑いをしながら、弁当の蓋を開けます。

「体調が悪いときに、無理をして食べる必要はありませんよ」

「はい、好きなものを少しだけ、食べてしまおうと思います。僕たち職員は、昼休みくらいしか食事ができないので、このタイミングは逃せないんです」

「食欲があるのなら、もう問題はないでしょう」

拓斗は、メインの魚のフライに箸をつけ、おいしそうに食べ始めました。

「すみません。これからいったい、日本はどうなるんでしょう。僕たちの仕事はまだ増えるんでしょうか」

「そうですね。社会はまだまだ変わり続けます」

拓斗は食事をのどに詰まらせます。矢作先生は、急いで拓斗の背中を叩きました。

柔軟な対応力こそ、最強

拓斗が落ち着いた様子を見て、矢作先生は再びゆっくりと話を始めます。

「『コロナ以降も、また別のいろんな変化が起こる』と考えておいたほうがよいでしょう。たとえば、まったく違う感染症が流行したりする可能性もゼロではありません。でも、何かが起こるたびに大騒ぎをしたり、深刻にとらえすぎて、自分が本来取り組むべきことをさぼっていたりしては、世の中が成り立たなくなります」

訝《いぶか》しげに拓斗は耳を傾けます。

「わかりやすい例でいえば、経済が破綻《はたん》したり、困っている人が多くなってしまったりします。だから、自分の身の回りで何か大変なことが起こったように感じても、ソワソワしないことが大事なんです。自分の頭で考えることです」

「それは難しいですね。何度も言いますけど、僕、そういった変化が大嫌いなんですよ。だから、できるだけ将来に備えたいんですよ。おカネを貯めるとか、非常食をストックしておくとか、そういうことが大好きで。根っからの安定志向なんです」

拓斗は弁当に視線を戻し、パクパクと食べ続けます。

「お気持ちはわかります。また、将来に対してある程度備えることを、否定はしません。でも、**最もおすすめしたいのは『何にでも対応できる力』を身につけることです。**その力は、一生持続しますし、どんなときでも使えますから」

「『何にでも対応できる力』？　それ、まさに僕の所属している市民課で、上司によく言われる言葉です」

「『何にでも対応できる力』は、古くから私たち人間に備わっているんです。もともと縄文人は、みんなその力に秀でていました。だから天変地異はじめ、何が起こっても驚かないのです。また、この力がいかに大事なものであるか、武士道の聖典『葉《は》隠《がくれ》』でも説かれています」

「たしかに、何にでも対応できれば、それはすごいことだと思いますよ。でもいったいどうすれば、そんな力が身につくわけですか？」

『自分は何にでも対応できるんだ』と思うことです。やっぱり重要なのは、意識です。意識が体や行動をコントロールしていますから、意識が変わらないことにはどうにもなりません。『病は気から』という言葉がありますが、あの言葉もその通りなんです」

「そうはいっても、難しいですよ。僕だって今まで何度も、『自分は何にでも対応できる』って暗示をかけてきましたけれど、効果があったとは思えませんもの。では、先生はどうやって感情をコントロールしていたんですか？」

「母親から『人の目を気にするな』と育てられたので、子どものときからマイペースでしたね。ですから、感情をコントロールすることも、当たり前になっていました」

体の中から不快なものを出す

拓斗は、弁当の大半を残したまま、蓋をして輪ゴムをかけます。そしてペットボトルのお茶を一口飲みました。

「ネガティブな感情をまったく起こさなくするのは意外と大変なことです。人間ですから、心身ともに不快な状況にさらされると、それはもう自然に負の感情が起こります。それを『情動反応』と呼びます。その反応自体を無くすことは、ほぼできないといっていいでしょう」

「そうですよね。僕も絶対無理だと思います。だって、理不尽な要求をされたり、ぞんざいな扱いをされたりして、不快にならないわけがありません」

「はい。ですから大事なのは、その後なのです。わかりやすい方法がひとつあります。**感情を浄化する方法です**」

「へえ、ぜひ教えてください。なんという名前の方法ですか？」

「私が昔からやっていたオリジナルの方法なんですが、名前はありません。本来見えない感情というものを、あえて『見える』と思い込んで、イメージする方法です」

「でも、お医者さんがやっていた方法だから、効きそうですね」

「最初は荒唐《こうとう》無稽《むけい》だと思われるかもしれませんが、本当に効き目がありますからやってみてください。たとえば、『イヤだ！』と感じてしまったあとに、**その不快感を体の中から、手元に全部集めて、出すとイメージしてみてください**」

「不快感を、手元に集める？　いったい、どういうことですか？」

　矢作先生は、自分の右手をじっと見つめて話を続けます。

「感情という目に見えないものを、たとえば青い液体のようなものだとイメージして、全身からこの手元に集めるように意識するんです。そして『体の中から、不快なものを出してしまおう』と念じます」

「不快なもの……？」

負の感情の手放し方

拓斗は、矢作先生をじっと見つめます。

「はい。不安、心配、恐怖、妄想、猜疑《さいぎ》、孤独などです」

「それは僕の中にいっぱいあります。それを出そうとイメージすればいいんですね？」

「はい。イメージすることは、我々の自由ですから。次に、その集めた青いものを、粉々に打ち砕いてください。そして、その破片をエイっと天に返すとイメージします」

矢作先生は立ち上がり、右手を上に放り投げるようなジェスチャーをします。

拓斗は上を見上げ、にっこりと微笑みます。

「今、飛んでいったようですね」

「はい。イメージですから、なんとでも想像できるはずです。天は、あなたが集めた青いものを、一瞬にして浄化してくれますから、安心してください。不快感を返したあと、**天はあなたに金色の祝福の雨を降らせてくれます**。それを『ありがとう』という気持ちで、自分の体の中に深呼吸をしながら取り込んでください。これはただ想像するだけのイメージトレーニングですから、大勢の人がいる職場でもできるはずです」

拓斗も立ち上がり、右手を何度も上に放り投げるような仕草をしました。

矢作先生は大きくうなずき、笑顔でOKサインをしてみせます。

「結局、感情というのは繰り返し出てくるものです。ですから、まるでモグラ叩きのようですが、**その都度解消して、手放していくしかありません**。でもいったん習慣にしてしまうと、不快な感情に気づいた途端、このイメージをわざわざしなくても、スルーできるようになります」

「じゃあ、逆に……もし、喜びとか感動とか、心地よい感情が自分に湧いてきたらどうすればよいのですか？」

「快の感情は、もちろん手放す必要はありません。また手放すイメトレがうまくできるようになったからといって、快の感情がつられて消えてしまうことはありません」

拓斗はうなずき、右手を見つめて、何度も何度も野球のピッチャーのような華麗なフォームで投げてみせました。

「スッキリしました。この方法で、いつも心をきれいにすればいいんですね」

自分の価値は、「買いかぶる」くらいでちょうどいい

矢作先生は優しく微笑みながら、話を続けます。

「人は誰だって、ストレスを大なり小なり抱えているものです。その多くが、人間関係に起因するもの、といってよいでしょう。とはいえ、相手を変えることは難しいものです。だからこそ、ある程度は自分で自分の身を守っていくことが必要になります。不快な感情をうまく手放していくことが大事です」

拓斗は何度もうなずきます。

「あなたの過呼吸は、他人からぶつけられた感情に対する、ある意味正常な反応だったのです。それはあなたの感受性が、敏感で、ある意味優れているからです。でも、お仕事で人にもまれる立場にあるのなら、他人からぶつけられた感情を、自分自身の

中に取り込まず、うまく天に返していくことが大事なのかもしれません」

「それは、相手に対して不誠実なことではありませんか？」

「いえ。あなたは今までも、不誠実であったことはないですよね。大事なことは、あなたが生き延びることではありませんか？　そして、あなた自身が、ここにいる役目を意識して、役割を全うし続けることではないでしょうか。あなたがいないと、困る人はいるはずです」

「僕のかわりなんて、いくらでもいますよ」

「そんなことはありません。もしそう思うなら、ちょっと現実的なことを考えてみてください。あなたがここを退職したあとの上司の手間を考えてみてください。あなたのような使命感の強い行政マンを、再び見つけてくることは、至難のワザでしょう」

拓斗は下を向き、自信なげにうなずきます。

「もっと自信を持ってください。あなたは、変化に対応できる人です。それに、この市役所でかけがえのない存在です。これは、誰かに言ってもらうのではなく、あなた自身がそう信じることが大事です。そこからあなたも、周囲も変わりますから。多くの人は、自分の存在を『誰かに認めてほしい』と思っています。それはおかしな話で、

『自分で自分の存在を認めること』から、すべてが始まります」

「自分で自分の存在を認める？」

「『自分には価値がある』ともっと意識するべきです。そうすれば、『そんな自分でいられることがありがたい』と自然に思えるようになり、感謝の念が湧いてきます。結果、外からの刺激や変化も怖くなくなります。それは人として理想の状態なのです」

「『自分に価値がある』って思うことは、なかなか難しいことですよ……」

「難しいと思うと難しいですが、簡単と思うと簡単になりますよ。**人は、自分自身の価値を買いかぶるくらいで、ちょうどよいのです**」

そのとき、フロアに拓斗の後輩の真理奈《まりな》が突然現れます。彼女は心配そうな表情で、拓斗のもとに駆けつけます。

「先輩！　探しましたよ！」

真理奈は拓斗に近づきます。

「私、窓口から先輩が倒れたところを見ていたんです。でも、対応が長引いてしまって、すぐに助けにいけなかったんです。ごめんなさい！」

真理奈は矢作先生に向かい、会釈をします。

「ありがとうございます、私はここの職員です。市民の方ですか？」

矢作先生は静かにうなずきます。

「この方は、立派なお医者さんなんだ。僕の恩人」

「えっ、ありがとうございます。先輩を助けていただいて！」

「いえ、私は何も。では失礼いたします。お大事に」

「ちょっと先生、待ってください。僕、まだ聞きたいことが……」

「私のお役目は終わったようです。今日の出会いも、私たちにとって神様からのお便りだったのでしょう」

矢作先生は二人に向かって丁寧にお辞儀をして、静かに建物を出ていきました。

［第6話］

亡き母の墓参りをやめられず、悲しみにとらわれている美咲《みさき》。
しかし、矢作先生と言葉を交わすことで、自らの心を癒し、
その本当の理由に気づいていきます。
美咲の心の奥底には、ある思い込みが横たわっていたのでした。
彼女は人生を、再び充実させていくことができるでしょうか。

三次元から捧げる、バラの花束

最後の黄色いバラの一束

　ある花屋での出来事です。矢作先生が、店員に声をかけています。

「大事な知人と久しぶりに会うんです。黄色い花が好きな人なのですが、適当に見つくろって、小さなブーケにしてもらえませんか？」

「この黄色いバラはいかがでしょう。どなたにでも喜んでいただけるはずです」

「では、それで。ありがとうございます」

　ブーケの仕上がりを待ちながら、矢作先生は、他の花をじっと見ています。

　そのとき、扉が勢いよく開き、美咲《みさき》が店内に飛び込んできました。

第6話
三次元から捧げる、バラの花束

「すいません、いつものバラ……」

美咲は、矢作先生にバラを渡そうとする店員に気づくと、言葉を飲み込みました。

店員は、美咲にあわてて謝ります。

「美咲さん！　今日お渡しのお約束をしていましたっけ？　申し訳ありません、たった今売り切れてしまいまして……」

「えっ、あっ、そういえば今朝お電話しようと思っていて忘れてました！」

真っ赤になる美咲に気づいた矢作先生は、店員に静かに話しかけます。

「では、私はここに飾ってある、完成品のブーケにします。そのバラはお譲りします」

「よ、よろしいんですか？」

詫びる店員と美咲に会釈を返し、会計を済ませた矢作先生は、ブーケを手にして店の出口へと向かいます。そして店内に向かって丁寧に一礼し、外へと出ていきました。

それから数分後。矢作先生が停留所のベンチで文庫本を読みながらバスを待っていると、黄色いバラの花束を抱えた美咲がやってきました。

矢作先生に気づいた美咲は、おずおずとお礼の言葉を口にします。

「すいません、先ほどは本当にありがとうございました。助かりました」

矢作先生は、静かに会釈を返し、再び本に目を向けます。

「あの……、この花束、毎月母に贈っているものなんです。母ったら、黄色いバラが大好きで」

矢作先生は、優しく微笑みます。

「といっても、もう亡くなってはいるのですが。毎月、この先にある霊園に、黄色いバラを届けているんです」

「毎月、お墓参りに？」

「はい」

「それは、大変ですね。私も母の死後、毎月お墓に参っていたので、そのお気持ちはとてもよくわかります」

それまでうつむいていた美咲は、まっすぐ矢作先生を見つめます。

「どれくらいですか？」

「2007年に母を亡くしてから、2018年まで続けました」

「そんなに？」

「はい。2018年の春にお参りをしたとき、『もういいよ』という声が聞こえました。

その日を境にぱったりと行くのをやめたんです」

「それは、どんな気分でしたか？」

「すっきりした気分でしたね」

「私も10年続ければ、声が聞こえるでしょうか？」

「わかりません、ただ……、あの世の方々は、お墓参りなどの宗教的な行事についてはまったく気にされていません」

「ええっ？　なぜですか？」

「もちろん、宗教行事を重んじる方の気持ちは尊重します。でも執着をして無理をしたり、ストレスを感じすぎたり、自分の人生を楽しめなくなったりする状態は、どうなのでしょうか。あの世の方も、この世に余計執着してしまうのではないでしょうか」

美咲は、バラをじっと見つめます。

亡き母との対話

「実は私は、交霊《こうれい》によって、亡くなった母と再会したことがあります」

「交霊？」

「はい。霊能力を持った知人から、連絡をもらいまして。母が、その方に『息子と話したい』と強く訴えたそうなんです」

「まさか、そんなことが……で、お母さまはどんなことをおっしゃったんですか？」

「『心配をさせてごめんなさいね』と。ですから私は『何も心配をしていない』と強く何度も答えたんです」

「ちょっと待ってください。『心配をさせてごめんなさい』って、いったいどういうことなんでしょう」

「ひとつ、思い当たることがあります。私は母の死後、毎晩寝る前に、後悔の気持ちで、謝っていたんです。生前の母に、親孝行らしいこともせず、晩年の母に十分な対応をしてやれなかったからです。『ありがとう』ではなく『ごめんね』という意識のほうが大きかったかもしれません。だから母は私に『心配をさせてごめんなさい』と、ずっと伝えたかったのでしょう」

「とてもよくわかります。今の私も『ありがとう』ではなく『ごめんね』です……」

「言葉は連鎖するものです。『ありがとう』には『ありがとう』が続きますし、『ごめんね』には『ごめんね』が続きます。だから、亡くなった人を心の中に思い浮かべるときには「ありがとう」という気持ちを伝えるのがよいのではないでしょうか」

　美咲はうつむき、手元のバラを見つめます。

「亡くなった方々にとっては、そういった感謝の気持ちと、ご本人が幸せであること自体が、最上の供養《くよう》なんです」

あの世は、この世よりも素晴らしい

「そうかもしれません。とはいえ、まだ私の場合は一周忌も迎えていない状況で……自分の幸せより、母のことばかりまだまだ考えていたいんです。幸い、時間に余裕はありますので」

　矢作先生は、黙ってうなずきます。

「あのう、私もあの世の母と交信をしてみたいです。その霊能力を持った方を、紹介していただけませんか？」

「率直に申し上げて……そういうことをする必要はないです」

「えっ、なぜですか？」

「亡くなった人からすると、今おられるところが、楽しく快適なところだからです」

「私たちが生きている、現代の地球よりもですか？」

「はい、『あの世』のほうが、『この世』よりも、何億倍もいい場所なんです。いや、次元が違う話ですから、数の概念で表現するのは適切ではないですね」

「いったいどういうことですか？」

そのとき、目の前の横断歩道の信号が青に変わり、腰の丸まった年配の男性がゆっくりと渡り始めました。男性は、片脚をひきずりながら、杖を使って懸命に前進していきます。矢作先生も、美咲も、その様子を固唾《かたず》を飲んで見守ります。

「あら、大丈夫でしょうか……」

信号が赤に変わったとき、その男性はようやく横断歩道を渡り終えました。たくさんの車が再び、大きな音を立てて道路を往来し始めます。

「私たちが、今いるこの世は『三次元』という次元に属しています。『生老病死』と言われますが……残念ながら、不自由だったり、苦しかったりすることがとても多いわけです」

「はい、それはよくわかります」

「だからこそ、この世で精一杯生きることが、人生という修行にもなるわけです」

「ええ。でも『三次元』というのがよくわかりません」

「ではとてもシンプルに、次のように考えてみてください。この世よりも、あの世のほうが想像もつかないぐらい楽しい、と。さて、あなたはとても楽しいところにいるとき、苦しいところにいたときのことを、わざわざ思い出したいですか？」

「いえ。思い出したくないです。できれば忘れてしまいたい」

「あの世とこの世も、実はそんな関係です。あの世に行った、というか、〝**戻った**〟**魂は、基本的にはこの世のことを思い出したくないものなんです。**私の母のように、伝えたいことがはっきりある場合は別にして」

「そんな……いつも母は、私のことをあの世から見てくれていると思っていました」

「でも、『あの世のほうが、この世よりも楽しくて快適だ』と認識したほうが、あなたの気持ちの負担は和らぎませんか？　お母さまは今、とてもきれいなところで、自由に過ごしていらっしゃると考えるほうが、あなたの心は落ち着きませんか？」

「たしかにそうですが……」

生と死は表裏一体

「立ち入ったことまで、お話ししすぎました。申し訳ありません」

「いえ、もっと聞かせてください。お坊さんのお話を聞いているみたいな気持ちです」

「私は特定の宗教を信仰しているわけではありません。ただ、職業柄、あの世や魂についいては、いろいろと見てきました」

「え？　どんなお仕事ですか？　もしかして葬儀屋さんとか？」

「医師でした。医療の現場では不思議なことをよく見たり、体験したりすることが多いものなんです。面白おかしく噂されてしまいがちですが……」

「ええっ、すごい。お医者さんだなんて！　私、お医者さんが死についてどう考えているのか、知りたかったんです。母が入院していたときには、お医者さんと話すこともありましたが、皆さんお忙しそうで……。それに病棟では『死』っていう言葉を口に出すことすらはばかられる雰囲気があって」

「おっしゃる通りです。本当は生も死も、ひとつながりで表裏一体のものなのに」

そのとき、停留所の向かいの車線に、1台のバスがやってきて止まりました。向かい側には、反対方面行きの停留所があるのです。バスから吐き出されるように出てくる人の波を、二人はじっと見つめます。

「たとえばこちら側の車線も、向こう側の車線も、完全に分断されているわけではありません。まったく別世界、というわけではありません。横断歩道を渡れば、いつでも向こう側に行けます。極端なことをいえば、横断歩道がないところでも、無理やり渡ろうと思えば渡れます。それと同じで、**この世とあの世は本来、いつでも行き来しようと思えばできるものなのです**」

美咲は大きくうなずきます。

「昔の話になってしまいますが、日本では人が死んだあとは、肉体から離れた魂が〝あの世〟で生き続けると考えられていました。あの世とは、〝あちら側の世界〟です。日本人の死生観とは、もともとそういうものでした」

「昔って、いつごろの話ですか？」

「縄文から江戸時代くらいまででしょうか」

「そんなに昔の話ですか」

「ところが、明治時代になって開国し、西欧から科学万能主義が日本に浸透すると、社会が縦割り化して、細分化されていくようになるんです。医療の世界も同じでした。これはよくできた笑い話ですが、『右目の調子が悪い？　それでは右目科を受診してください』という状況です」

「それは、『悪いところだけしか診ない』という意味ですか」

「『病人そのものを相手にするのではなく、病気を相手にするのが医者だ』という皮肉です」

「でも、お医者さんを責める気持ちにはとてもなれません。それより、私自身が母には何もしてあげられませんでしたから」

「私が医師として病院に勤務していたとき、そんなお声を本当にたくさん聞きました。『何もしなかったので、親に申し訳ない』、『仕事があったので最期の瞬間に看取ってやれなかった』、『病気にもっと早く気づいていたらよかった』と……ですが率直にいうと、そういうレベルのことは、あの世にいった魂からすると、まったくどうでもよいことなんです。だって、『この世のこと』を、すでに思い出さないわけですから」

「もし本当にそうなら、救われるような気がします」

「救われていいんです。この世にはもともと苦しみが多い。余計にしんどい思いをする必要なんてありません。後ろ髪を引かれるような思いにかられなくていいんです」

〝お迎え現象〟はよくあること

そのとき、矢作先生たちの目の前で、自転車に乗った出前の配達員と、大きなダンプカーの接触事故が起こりかけました。

「おい、気をつけろ！　死にたいのかっ！」

運転手の怒号が聞こえます。怒鳴られた配達員は、いったん自転車を降り、歩道でスマホを操作し始めました。どうやら、スマホで道を調べながら運転しているうちに、ダンプカーとの距離が縮まりすぎてしまったようです。

「ほんと、危ない。気をつけて……」

そのまま美咲は自分の気持ちを吐露します。

「生と死がひとつながりだというのはよく聞く話ですし、頭では納得できます。人が突然亡くなる、というのもなんとなく理解できます。でも、自分自身の『死』については、まったく想像もできません。健康ですし、特に大きなストレスもないですし、危なっかしいことには手を出しませんし……。だから母が亡くなったあとも、自分の死については、まだ全然実感できません」

「そうですか。私たちの職場では、『死』が常に身近にありました。あの世に戻っていく患者さんたちに、多くのことを教えてもらいました」

「たとえば、どんなことですか？」

「亡くなる直前の患者さんって、自分の死を予言するかのようなことをボソっとおっしゃることがあるんです。それに、苦しい闘病中なのに、落ち着いて満足されているような表情を見せてくださったり……なんというか、**死を受け入れた、という雰囲気にこちらも感動させられたことがよくあります**」

「『死を受け入れる』ですか……」

「はい。泰然自若として、落ち着き払っていらっしゃるんです。ご自身でそろそろ迎えがきたというのが、きっとわかるんだと思います。そういえば、死の直前に『死にたくない！』とか『もっと生きたい！』と助けを求めたり、抵抗する人をお見かけしたことはほとんどありません」

「そういえば、うちの母もそうでした。取り乱しているのは、むしろ周りの家族や親族でした。先生に『助けてやってください』とか、『あと数日、なんとかなりませんか』とか、最期まで無理なことばかりお願いしていました。今考えると、お医者さんや看護師さんたちにも申し訳ないことをしました」

「あなた自身を責めることはありません。むしろそうなる人がほとんどです。〝お迎え現象〟を起こす方も、多くいらっしゃいます。私のいとこも在宅医をしていますが、**『死を迎える患者さんの70％にお迎え現象が起こっている』**と教えてくれました」

「お迎え現象？」

「はい。すでにあの世にいる親しい人が迎えにくるのです。ただ、その場に家族全員が必ずしも居合わせているわけではありません。お仕事に行っている方も多いですし、そもそも家族と同居されていないことも珍しくありません。だから、ご本人の家族が、死を間近で見ることが減っている。つまり、現代の人たちは〝お迎え現象〟について話されてもピンとこない。ましてや自分自身の〝死〟についてのリアルな実感も持ちにくくなっているように思います」

〝頭〟は〝魂〟を抑え込む

「人が死ぬってどういうことですか？　肉体が死んでも、魂は残るんでしょうか？」

「私たちは、今の空間にたまたま存在しているだけです。私たちの魂は、今までも多くの旅をしてきていて、まだその途中なんです」

「でもそんなこと、まったく記憶にありません。そもそも生きている人間の魂っていったいどこに存在しているんでしょう？」

「魂とは個体ではありません。体の周りに層になって重なっていると考えてください」

「では『人が死ぬ』ということは、肉体が死んでも、魂は残るということですね？」

「はい。ただし、この世ではなく、あの世に移動するということです。魂は、さまざまな次元のさまざまなところを、行ったり来たりしているととらえてください。つまり、今の世界を中心にして物事を考えると、全体がわからなくなってしまいます。座標軸を変えるような気持ちで、もっと柔軟にとらえてみてください」

「柔軟に……？」

「あなたのお母さまのこの世の人生を、その花束にたとえると、何本もあるうちの1本であったわけです」

「この8本あるうちの、たった1本？」

　美咲は、花束を驚きの表情で見つめ続けます。

「今までの旅については、生まれた瞬間や、3歳くらいまでは覚えているはずなのですが、ほとんどの人は忘れてしまうようです。私自身は3歳くらいまで、けっこうあちらのことを覚えていました。ごく一般的な家庭で育った、普通の人間ですが……」

「私も思い出してみたいです」

「大人になってからも突然思い出される人は、珍しくありません。だから『思い出したい』とはっきり意識してみてもいいですね」

「難しそうですね」

「いいえ、特別な訓練などはいりません。たとえば特定の場所を訪れた瞬間に『あっ』という感覚が生じて、そこから芋づる式に思い出すことはよくあります」

「その場所って、有名なパワースポットや、大きな神社などですか？　パワースポット巡りとか、したほうがいいんでしょうか？」

「いえ、**その人の魂にとって大切な場所があるんです。**宗教の聖地や、人気の神社などに限った話ではありません。その人独自の霊的な体験をするわけですから」

「その場所って、いったいどうすればわかるんでしょうか？」

そこに、飼い主に連れられた1匹の柴犬が現れました。柴犬は、矢作先生を見ると激しく尻尾をふり、近づいてくると、矢作先生の足元にじゃれつき始めます。

「あらあらごめんなさい！　リキちゃん、行くわよ！」

柴犬を止めるでもなく、撫でるわけでもなく、矢作先生は静かにベンチに腰かけて微笑んでいます。恐縮した飼い主にロープを引かれ、柴犬は遠ざかっていきました。

「直感を大事にしていれば、自然と察知できるようになります。動物的なカンといいますか、あまり難しく考えないことです。**頭ではなく、心、つまり魂で感じる癖をつけるのです**」

「頭ではなく、心？　心って、頭にあるんじゃないんですか？　だって、頭でいろいろ考えているし……」

「たしかに、人は考えることを頭で行います。でも、頭と魂は別物です。**実は脳には、やっかいな癖があります。魂の能力を、抑え込んでしまうんです。**魂が持っている力を、思い切り落してしまうとイメージしてください」

「そうなんですか⁉」

「はい。だから、頭で考えている限り、その人の魂にとって大切な場所も見つけにくいし、あちら側の世界を思い出すことも難しいはず」

「死んだらかわいそう」という勘違い

矢作先生は、黄色い花の小さなブーケをじっと見つめます。そこには、黄色いガーベラを中心に、カスミソウがアレンジされていました。

「自然に触れることでも、直感は磨かれますよ。たとえば緑を見たり、山を歩いたり。都会暮らしであれば、花のにおいを楽しむだけでも、頭ではなく心を活性化することができます。もちろん、自分で育ててみるのもいいですし」

「そうですか……。生きていた頃の母は、ガーデニングが大好きで、バラの花壇をつくっていました。それで心のバランスをとっていたのかもしれませんね」

「繰り返しますが、『死んだらかわいそう』という思い込みは、手放したほうがいいでしょう。この世を終えてゴールテープを切ったら、より一層素晴らしい世界が待っているんです。あの世は、この世以上に、平和で、あたたかくて、自由で、幸せなところですから」

「そうだとうれしいです」

「あちら側に行けば、より幸せになると思います。だからそれまで、魂をよい状態で保って、虚心坦懐に死を迎えればいいのです。先にあちら側に行った人については、むしろ『お疲れさまでした』と労《ねぎら》って、今までの感謝を伝えればいい。それでお互い幸せになれます」

美咲は力強くうなずきますが、美咲と矢作先生の間に、静かな時間が流れます。

「わかります。でも……即物的かもしれませんが、私は『母とつながっている、母に会えている』という手ごたえがほしいのです。だから私は、毎月お墓参りをしてしまうのかもしれません。お墓の下には、物理的に母の骨が埋まっているわけですから」

「お気持ち、わかります。でも、あの世からのお便りは、私たちのもとに、よく届いているんですよ。それに気づく心の余裕があるかないか、というだけ。私はそれを『神様からのお便り』と呼んでいます」

「神様からのお便り？　それはいったい何ですか？」

「たとえば虹が出たり、降っていた雨が突然やんだり、普段いないはずの動物や鳥、昆虫が急に現れたり。つまり自然現象や、他の命を借りて、何かが知らされることです。あなたのそばにいます、あなたを愛していますって」

「そんなお便り、私、気づいたことないな……。母は、私の夢にさえ一度も出てきてくれたことがないんです」

そのとき、1匹の首輪をしていない美しい白猫が現れます。白猫は、美咲の足に「ニャーオ」と体をすりつけます。一声鳴いたあと、怖がりもせず、そこにうずくまってしまいました。その様子は人懐っこく、「どこかの飼い猫か」と思わせるような人への信頼感が溢れていました。

「きれいな猫……。まさか、これが神様からの？」

矢作先生が、ゆっくり大きくうなずくと、美咲の目から、涙が一粒流れます。矢作先生は、やがて遠くからバスが現れ、停留所にゆっくりと近づいてきました。

丁寧にお辞儀をすると、バスに静かに乗り込んでいきました。

美咲はその場にしゃがみ込み、白い猫を静かにギュッと抱きしめるのでした。

#［第7話］

日本とは全く違う意識を持つ隣国、中華人民共和国。
その成り立ちや真実について、
矢作先生が丁寧に解説するオンライン講座を視聴した剛《つよし》は、
世界観を一気に新しくします。
目覚めた剛は、かの国が及ぼす身近な影響にも気づき始め……。

誰でもわかる
オンライン
「中華人民共和国」講座

甘栗を食べながらの「我が国のこころ塾」

剛《つよし》は、自宅でリモートワークをしています。数日間取り組んできた資料を完成させたあと、インターネットを立ち上げ、通販サイトを開きます。そして商品名の検索バーに「3段カラーボックス」と入力し、最初に出てきた製品をすぐにクリックして、カートに入れました。そのとき、スマホのアラームが鳴りました。壁の時計は19時30分を指しています。

「やばい、始まっちゃう」

剛は、通販サイトの決済画面には進まず、Zoomのアプリを立ち上げ、矢作先生

のオンライン講座の画面に進みます。するとパソコンの画面上に、矢作先生が現れました。剛は、デスクの上の甘栗のパックを開封し、1粒口に放り込んで、モグモグと食べながら「オンライン講座 我が国のこころ塾」の受講を始めました。そうするうちに画面が切り替わり、「誰にでもわかる中華人民共和国講座」という文字が大きく映し出されます。

「そういえば、今回のテーマは中国だったな……」

再び甘栗に手を伸ばし、モグモグと食べながら画面を見つめます。

隣国に油断をしてはならない

画面の中で、矢作先生は流暢《りゅうちょう》に、穏やかな表情で講義を行っています。背景のホワイトボードには、世界地図が貼られていました。

「2020年は、アメリカと中華人民共和国の戦いである『米中戦』が、大詰めを迎えた年でした。アメリカの国務省は、中国共産党政府に、香港やウイグルでの騒動に対して『人間として間違ったことをしている』、『南沙《なんさ》諸島の基地を壊して手を引くように』、『（アメリカは中国と）関係を断つこともできる』などと警告をしてきました。南沙諸島とは、南シナ海南部に位置する諸島で、中華人民共和国、台湾、ベトナム、フィリピン、マレーシア、ブルネイなどが全域または一部について領有を主張しているところです」

矢作先生は、指示棒で、世界地図の中の「南沙諸島」を指し示します。

「これは第二次世界大戦において、アメリカが日本に日米戦開戦のダメ出しをした提案『ハル・ノート』と同じ構図です。『ハル・ノート』とは、アメリカのコーデル・ハル国務長官の名前から名づけられた覚え書きのことで、中華人民共和国やインドシナからの日本軍の即時撤兵などを求めたものです」

剛は、スマホを手にとり、書籍を主に扱う通販サイトで「ハル・ノート」と検索します。すると大量の本が画面に表示されました。「こんなにあるのか……」。剛は、デスクの上のメモ帳に「ハル・ノート」と記録し、スマホを閉じます。矢作先生は、ゆっくりと聞き取りやすい声で話を続けています。

「アメリカの海軍は、保有する11隻の原子力空母のうち臨戦態勢の3隻の空母（ロナルド・レーガン、ニミッツ、セオドア・ルーズベルト）を、それぞれの担当海域での

『演習』という名の本気の行動をさせることで中華人民共和国を〝恫喝《どうかつ》〟してきました。またアメリカのトランプ政権は2020年の時点で、中華人民共和国に在留しているアメリカ人とアメリカ資産の引き揚げを行ってもいます」

かみ砕いたわかりやすい話は続きます。

「かつて、M・ゴルバチョフはR・レーガンに降参し、冷戦が終結しました。そのときのように、中国共産党政府がアメリカにすんなりと降参してくれればよいのですが、事態はまだ変わりません。そうなると、中華人民共和国に近い私たち日本にどのような影響が及び続けるのか。私たちは真剣に考える必要があります。とはいえ、中華人民共和国の問題は複雑です。そこで私が運営する『**オンライン講座 我が国のこころ塾**』では、かの国をテーマに取り上げ、若い方でもわかるように解説してみます」

剛は、姿勢を正し、椅子に座り直しました。矢作先生は再び話し始めます。

司法も軍事も牛耳る、中国共産党

「まず『中華人民共和国』というと『中国共産党』、略称『中共《ちゅうきょう》』という言葉を思い浮かべる人が多いのではないでしょうか。中国とは事実上、『中共』の一党独裁です。『中国にいくつかある政党のうちのひとつ』ととらえていた人がいるかもしれませんが、それは誤りです。また、日本の『政党』というイメージとはかけ離れています。また、『中共』は、**中華人民共和国という国の上に存在している、と考えてください。**憲法には『中華人民共和国は共産党の指導を受ける』と明文化されています。これは日本では考えられない構造です。また、日本の『三権分立』という考え方も、中国にはありません」

矢作先生は、続いて「三権分立」のフリップを出し、解説を始めます。

「日本では、司法（裁判所）、立法（国会）、行政（政府）を明確に分離させ、お互いに見張ることになっています。だから、特定の組織に権力が集中することはありません。でも中華人民共和国では、国中のあらゆる組織が共産党の指導を受けることになっているといいましたね。ですから、共産党の最高幹部に対しては、裁判や法律の拘束力はうんと弱くなります。つまり、共産党の最高幹部が悪事を働いても、捕まえられなかったり、たとえ裁判にかけられても無罪で終わったりします」

次に矢作先生は「中華人民共和国の統治の仕組み」というタイトルのフリップを出

し、解説を始めます。そこには「総書記」「中国人民解放軍」「中央軍事委員会」などの文字がピラミッド状に配置されています。

「ほかにも『民主主義』とかけ離れた点が多くあります。中国には国家主席という『国のトップ』がいますが、それは選挙で選ばれません。中共のトップである『総書記』が、国のトップになります。そして、中国の軍隊である『中国人民解放軍』は、国が管轄する軍隊ではありません。なんと、中国共産党が仕切っているのです。中共の内部に『中央軍事委員会』という組織があり、それが最高司令部となっています」

人権弾圧がまかりとおる国

「また、ご存じの方も多いと思いますが、かの国では政府による人権の弾圧も日常茶飯事です。その狙いは、体制の維持や、敵対勢力への対抗、そしておカネを得ることなどさまざまです。それらの人権弾圧を、国家が一丸となって行っているという点が、我々日本人から見ると信じがたいところです。日本国内にもさまざまな問題があるとはいえ、『国民が大切にされている我が国は、なんと素晴らしいのだろう』と思えてきます。『人権弾圧』の具体的な代表例は『土地の強制収用』でしょう。信じがたいことですが、中共の党員が海外に土地を売るために、もともと暮らしている住民を、ほぼ無償で強制的に退去させる、というケースがよくあります」

剛は「人権弾圧」という言葉に息を呑みます。

「これは『国の土地は、基本的に公有財産である』と取り決めている社会主義国家ゆえに起こることです。ですから住民を強制退去させることが、いくらでもできるのです。それに抗議する住民もいますが、暴力団を仕向けられて殺されたり、逮捕されたり、謎の死を遂げたり……。結果、あえて中共に逆らおうとする人は少数派です」

21世紀にそんなことが行われているとは……剛は血の気が引く思いで耳を傾けます。

「もちろん中華人民共和国にも心ある人たち、人権派弁護士や人権活動家などがいて、そのようなときに頼ることもできます。しかし、彼ら自身も取り締まりや弾圧の対象になっています。『自分の意志のまま、生きていくこと』はほぼ不可能と考えてよいでしょう」

矢作先生は、さらに「人権弾圧」というタイトルのフリップを出し、解説を始めます。そこには「土地の強制収用」「言論や報道の自由はなし」「信仰の自由もなし」「少数民族への弾圧」などの項目が、箇条書きにされています。

「当然『司法』もいびつなものです。憲法によって、中共の指導を受けるように決められているからです。『裁判にかけられれば、99％以上が有罪になる』、『裁判官には有罪判決数のノルマがある』などともいわれています。

言論や報道の自由なども、あるわけがありません。どのようなメディアも厳しく監視されています。政権に批判的なメディアは、関係者が逮捕されたり、つぶされたりします。このメディアへの圧力は、自国のみならず、なんと外国にまで及びます。私たち日本のメディアに対しても『中国を敵視しないこと』『日中国交正常化を妨げないこと』などを定めた『(日中関係の)政治三原則』を守るよう、要請したことがあります。それればかりか、個人の心も監視の対象です。たとえば、信仰の自由は一切ありません。また宗教団体が、中共の指導に従わない場合は『邪教』として弾圧されるようになっています。

たとえば、信者が1億人となった新興宗教『法輪功』の場合、1999年当時の江沢民国家主席に邪教と断定され、数万人の信者が不当な理由で逮捕され、強制収容所に送られました。さらに驚くべきことに、国連の人権委員会が『処刑した遺体から臓器を出し、高値で売買した』と報告をしています。日本人からすると『普通に暮らしているだけで、なぜそんな仕打ちを受けるのだろう』としか思えないはずです。また近年は、チベット、ウイグル地区での弾圧も明るみに出て、取り沙汰されています」

続いて、矢作先生は、指示棒で、世界地図の中の「チベット」「新疆ウイグル自治区」を指し示します。

「この2つのエリアは、中国が建国後に武力制圧をしたところです。海外メディアが入れないため、実態がわかりにくいのですが、ここでの人権蹂躙《じゅうりん》について、報道をご覧になった方も多いことでしょう。こんなことを想像したくはないですが、**日本が中共に支配されるようなことは絶対に避けたいものです。**法治国家として当然の安全、安心な暮らしや、自由や民主主義があっという間に損なわれてしまいます。

『日本が中国に支配されるわけなんて、ないでしょう?』、そう思われる人がいらっしゃるかもしれません。しかし、日本の神々も『中華人民共和国には要注意』と警告をされています。武力での制圧を図るような野蛮な時代であればいざ知らず、高度に文明化された現代において、なぜそう肝に銘じなければいけないのか。若い方にもわかりやすくお話をしてみましょう」

「今日も知らないことばかりだ……」

剛はそうつぶやくと、デスクの上のグラスの水を一気に飲み干します。

かの国と日本は、地球の進化において役割が違う

矢作先生がひと通り話し終えると、「質疑応答の時間」というフリップを手にしたアシスタントの女性が画面に現れました。

「では、今から質問をお受けいたします。チャットの欄に、質問をご記入ください。順番におひとりずつ、矢作先生とお話しいただけるよう、回線をおつなぎします」

剛が見守っていると、最初に指名された質問者が話し始めました。

「はじめまして。最近、目覚めて勉強を始めたものです。日本史の理解などまだまだですが、矢作先生、どうぞ宜しくお願いします」

画面の中でも、矢作先生はいつもと変わらず深く丁寧なお辞儀をします。それから二人のやりとりが始まりました。

「私たちの日本は、今まで内乱もなく、植民地になったりしたこともなく、うまくや

ってこられた、と思います。徳川幕府最後の征夷大将軍・徳川慶喜《よしのぶ》は、内乱をうまく回避して、江戸時代の見事な幕引き役を演じました。また江戸時代最後の天皇である孝明《こうめい》天皇から、明治天皇へとスムーズに皇位が継承できたことになっています。その背景には、見えざる力が動いていたのだと思いますが、やはり日本は平和なよい国だと思わされます。しかし、中華人民共和国は内乱ばかりという印象があります。距離的には近いのに、なぜこんなに日本と中華人民共和国は違うのでしょうか？」

矢作先生は質問を最後まで聞くと、穏やかな口調で話し始めました。

「それは、**日本と中華人民共和国と、この地上での役割が違うからです。**日本には日本の、中華人民共和国には中華人民共和国の役割があります。ですから、その役割を担うのに適した、**その国の『集合意識』とでも呼ぶべきものが存在しているのです。**集合意識は、その国の民度や民族性が寄り集まったものと想像してください。

たとえば日本の場合は、人類にとっての大いなる調和『大調和』を広げていくというお役目を負っています。しかし中華人民共和国は、別のお役目を負っています。だから、両国の一人一人の『民度や良心の特質』はまったく異なったものですし、国家レベルで見ても、当然大きな差があります。『うまく役割分担をするために、両国は違うのだ』ととらえてください」

「でも、隣国でさまざまな国際的な問題や事件や事故が起きるたびに、日本が直接的にせよ間接的にせよ、大きな損害をこうむることがありますよね。本当に迷惑ですが」

「わかります。しかし、**それは神様のいたずらでもあるのです**」

「どういうことですか？」

「実は神様はお茶目な方で、勤勉で優しい心を持った『日本』という素晴らしい国の横に、あえて民度の異なる人たちを配置しているのです」

「えっ、わざとですか？」

「はい。神様はそこまで考えていらっしゃるのです。『日本があと300㎞ほど東にあったら、こんなトラブルは起こらなかったのに』ということが山ほどありますが、そうすると人類全体の進歩はもっと遅れていたはずです」

「なるほど。では日本は、隣国を導いたり、リードしたり、あるいは、よい影響力を与えていく立場になるのですか？」

「はい、その通りです。もちろん、それは大変なことです。けれども、将来的には現実的に起こってくる話です」

フリーメイソンによってつくられた中共による支配は１９４９年に始まった

矢作先生が答え終わると、アシスタントの女性が再び画面に現れました。

「では、次の方からの質問をお受けいたします。どうぞ」

２番目に指名された質問者が、おずおずと問いを投げかけました。

「人類の発展のための役目があるとはいえ……なぜ中国のような乱暴な国ができてしまったのでしょうか？」

「そもそも、中華人民共和国が今のような中共による独裁的な国家の形に定まったのは、１９４９年のことです。あまり知られてはいませんが、敗れた国民党も中共も、フリーメイソンによってテコ入れされました。こう申し上げると『陰謀論だ』と反応される方も多くいらっしゃるし、揚げ足をとられやすくもなるので、この件に関しては、少し歯切れの悪い解説になりますが、ご了承ください」

「わかりました」

「中共が国を引っ張るという国体は、いわば実験のようなものでした。フリーメイソンという西側の『世界を動かしている側』がテスト的に行った統治だったのです。しかし、その結果は芳しいものではありませんでした。国民全体の民意が思うほど上がらなかった。フリーメイソンのお眼鏡にかなわなかった。

また最近のトップである習近平氏（中国の第7代国家主席）が『天命がない』と見限られたことも大きかったのでしょう、中華人民共和国はなくしてしまおうという流れになったようです。そこで、トランプ元大統領が率いるアメリカが、現在に至ってもなお、中華人民共和国を責めているというわけです」

「なるほど。あのシステムの確立にはフリーメイソンが関わっていたのですね。それで、当時の大統領だったトランプさんがさまざまなことを仕掛けて、かの国を屈服させ、新しくさせようとしているわけですね」

三峡《さんきょう》ダムは、なぜ狙われないのか

矢作先生が話し終えると、アシスタントの女性が進行します。

「ありがとうございました。それでは3番目の方、お願いします」

指名された質問者が、ゆっくりと質問を始めました。

「『アメリカが中華人民共和国の三峡ダムを決壊させようとしている』という説をネット上で読みました。ダムを決壊させるくらいで、中国にダメージを与えることができるのでしょうか？」

「はい。ご存じない方もいらっしゃるかもしれないので、三峡ダムの説明からしましょう。三峡ダムとは、湖北省宜昌《ぎしょう》市にある、長江の治水や発電を目的としたダムです。しかしずさんな工事の結果、ダムが変形しているだとか、廃棄物がダムに蓄積して〝大きな肥溜め〟になっているだとか、世界中からさまざまな憶測を呼んでいます」

「そのようですね」

「ダムや堤防が決壊すると膨大な数の犠牲者が出るものです。諸説ありますが、中華人民共和国では『黄河決壊事件』という有名な出来事があります。昭和13年、日中戦争初期に、中国国民党軍が日本軍の進軍を食い止めるため堤防を破壊したのですが、その結果、水死者が100万人、被害者が600万人に達したといわれています」

「おっしゃる通りで、現代でも三峡ダムが決壊すれば多くの被害が出るのは間違いありません。ですから、軍事的にいうと、三峡ダムをアメリカはじめ他国がミサイルで破壊する作戦は、存在するはずです。米中の間で、表立って戦争が起こった場合、『米軍はまず三峡ダムを核兵器で爆破する』と予測する専門家は珍しくありません。その場合、長江沿岸都市は水没し、数億人の死者が出ることでしょう」

「ではなぜ、アメリカはすぐにそうしないのですか？」

「2020年、いろいろな憶測が流れましたが……三峡ダムに関しては、わざと崩していません。なぜかというと、下流に稼働中の原子力発電所があるからです。それからもうひとつは、海に流れてもらっては困るような大量のものが、沿海部にあるからです。だからアメリカはそこまでやりませんでした。もしそれらが流出すると、世界的な被害も考えられますから」

「ああ、なるほど」

「ただし、三峡ダムを攻めるかわりに、アメリカは中華人民共和国に対して挑発の姿勢を維持しています。第7艦隊というアメリカ海軍の中で最強で最大規模の艦隊が、南シナ海で軍事演習を重ねています。つまり、中華人民共和国の胸元で『いつでもかかってこいや』という調子で挑発をしているわけです」

「そんな情報、テレビで報道されていますか？」

「いえ。ネット上で、アメリカ海軍などの公式サイトを見てください。もちろん英文の表示になりますが、そこにははっきりと写真つきで第７艦隊の活動が報告されています。**大手メディアの報道を待つまでもなく、自力で一次情報を取り寄せるほうがよいですよ。**当事者が公開できるギリギリの範囲まで、教えてくれていますから」

「わかりました。ところで、第７艦隊ってそんなにすごいのですか？」

「はい。アメリカ海軍には全部で６つの艦隊があり、その中で日本を拠点に活動しているのが第７艦隊です。担当するエリアが最も広大であるため、戦力が集中しているのです。第７艦隊の担当範囲は、西太平洋からインド洋まで。つまり世界の約半分の海域を占めています」

「それはすごいですね。三峡ダムの話から米軍の話までありがとうございました！」

今後、かの国はどうなるのか？

受講生がお礼を述べたあと、矢作先生は深くお辞儀をします。

「では、４番目の方からの質問にまいりましょう。お願いします！」

アシスタントの進行を受けて、次の質問者が大きな声で話し始めました。

「今日の講義の冒頭で、『2020年は、アメリカと中華人民共和国の戦いである米中戦が、大詰めを迎えた』とうかがいました。ではいったい、これからどうなるのでしょうか？　アメリカか中国か、どちらが勝つのですか？」

「米中戦という言葉は誤解をされやすいのですが、実は『世界戦争』だととらえてください。**そして中共の幹部たちもすでに、自分たちの敗北を想定しています**」

「えっ、そうなんですか？」

「はい。アメリカの政府よりも上のところで、今の体制の中華人民共和国がなくなることは、すでに決められています。だからといって中共の幹部たちは、逃げることができません。幹部たちは、国外に大量の資産を持ち出し、他国の金融機関に預けているのですが、それが国際金融家らによって、凍結されてしまっているからです」

「では今後、中華人民共和国は具体的にどうなるのでしょう？」

「**中国共産党政府が一番上にある国体、国柄は、もうすぐ終わるでしょう。**アメリカと日本がタッグを組んで、追い詰めるような形になるかもしれません」

「そんな話、聞いたことがありません」

「どこのメディアも、そういうことをきちんと報じないからです。しかし、中華人民共和国という国体がなくなることは確実です。ただし、かの国の国民が殺されたりするわけではありません。国の仕組みが変わるということです」

質問者は驚きを隠せません。

「ではそのあと、中国人の民度はよくなるのでしょうか？」

「中国の人たちの民度そのものがよくなるかどうかは、わかりません。なぜなら中華人民共和国の場合、『国民』というよりも、**『砂のような人たち』という形容がしっくりくるような人たちなのです**」

「どういうことですか？」

「これはよい悪いの問題ではないのですが、中国人というのは『国家という概念をもともとあんまり強く持たない、流動的な行動をする人たち』です。ですから、いったん壊れた中華人民共和国が、そのあとどんな国になるかというのは、わかりません」

剛はすっかり画面にくぎ付けになっています。

「やはり日本人とは民度が違うのですか？」

「はい。日本人は、良かれ悪しかれまとまりがあるので、国民全体の集合意識もできやすいのです」

将来的に、かの国と日本はどう付き合えばよいのか？

矢作先生の話が一段落すると、アシスタントの女性の声が響きます。

「矢作先生、わかりやすい解説をありがとうございました。では次の方どうぞ！」

5番目に指名された質問者が話し始めました。

「今の体制の中国が崩壊したあと、日本との関係はどうなっていくのでしょうか？」

「今までの関係はリセットしたほうがよいでしょう。端的にいうと、中国に市場を求めない、また労働力を求めない姿勢が大事です。つまり、国内の企業が生産拠点を中華人民共和国に置いたり、現地の安い労働力に頼ったりするのをやめることです。そして、どうすれば自国でビジネスを完結させられるか知恵を絞るべきです。わかりやすくいうと、『人件費が安いから』という理由で、中国に奉仕をしてもらうのではなく、自給自足するという方向に切り替える勇気と知恵を持ってほしいのです。欲に目がくらんでいてはだめです」

「なるほど、わかります」

剛は、デスクの上の甘栗をつかみ、パッケージの裏面を眺めます。

そこには「栗（中国産）」という表示がありました。

「うわ！」

汗が出てきた背をかきつつ、剛は再びパソコンの画面に集中し始めます。

「それから、『中国』という言葉は、使わないようにするのがよいかもしれません。なぜなら少数民族の問題から目を逸らしたり、忘れたり、見すごしたりしがちになるからです」

「どういうことですか？」

「『中国』、つまり『中華人民共和国』の実態は、さまざまな民族の集合体です。ウイグル、チベット、内モンゴル、満州……そういった人種も言葉も文化も違うところを無理やり、今の中華人民共和国という枠の中に入れてしまっているわけです。でも、それはウイグルやチベットなどのように、もともと独立していたところを、力で併合し、しかも今は『エスニック・クレンジング（民族浄化）』しているわけでしょう？」

「はい、それはよく知っています」

「そういったエリアの人たちにとってみると、『中国』という言葉は侵害でしかないわけです。だから、中国共産党政府が倒れたあとは、当然、それらの人たちは圧政から解放されることになるはずです」

「ではウイグルの人たちが救われる日は近いのですか？　考えるだけで胸が痛みます」

「『中共』による政府が倒れたあと、彼らは当然いなくなります。それに代わるものの準備も当然されています。ですので、ウイグルの人たちなどの少数民族を含め、中華人民共和国の全体の在り方が変わると考えてください」

日本は「乗っ取り」を心配する前に、地に足をつけるべき

矢作先生の回答が終わると、オンライン講義は終了予定時刻に迫っていました。

「終了時間がそろそろ迫ってきました。あと、お二人で終わりにしたいと思います。では、次の方、質問をどうぞ」

6番目に指名された質問者が話し始めました。

「中国共産党が近いうちに崩壊したら、中国の難民が日本に押し寄せて来るのでしょ

うか？」

「結論からいうと、それを心配する必要はないように思います」

「なぜですか？」

「現在中華人民共和国には十数億人が住んでいると言われます。そのうちたとえば1億人が、日本に突然やってくるかというと、物理的にそれはやっぱり不可能です。もちろん、ほどほどの数で、日本に現れる可能性は否めません」

「では私たちも対策をしないと」

「とはいえ、あくまでそれは『可能性』にすぎません。なぜなら、中華人民共和国の地域ごとに、やはり『心ある人たち』、つまりよい心得の有力者はいるからです。一人一人のレベルで見ると、そんなに悪い人ばかりではありません。中には志の高い人もいます。そういう人たちが、自分たちの地域が崩壊したあとも、最小限のダメージで済むように、さまざまな方法で手を打っているのです」

「そうなのですか」

「だから私たちは、たとえ隣国とはいえ、『中国から来た難民に乗っ取られる』ということを心配する必要はありません。それよりも、**自分たちの足元を確かめ、地に足**

をつけて一生懸命生きていくことが大事です。たとえばコロナ以降、多くの店がつぶれ、経済も文化も停滞しました。その修復に全力を尽くすべきです」

「中国の富裕層が日本の各地に土地を購入していた、という話もよく報じられました。それについては大丈夫なのでしょうか？　そこに移民がやってきたら、小さな中国が日本国内にいくつもできるのではないかと心配です」

「これは、私たち日本人の気持ちひとつにかかっています。恐れすぎることはありません。なぜなら、土地とは持ち運びができないものだからです。極端なことをいえば、国内法を変えれば、中国人から日本の国土を取り上げることは十分に可能です」

「えっ、そうなのですか？」

「もちろんです。欧米の歴史を振り返ってみてください。昔から、そのようなことばかり繰り返してきています。たしかに、『中国人が買い求めた日本の国土で、農作物を作り、母国中国に送ったり、輸入したりする』など、さまざまなことは予想できます。しかし、それらを生み出すおおもとの土地については、覚悟さえすれば取り上げることができるのです」

「あ、たしかにそうですね！　では、私たち日本人がよりよく生きるには、どうすればよいのでしょうか？」

「自分のやるべき使命を認識して、自分たちや家族、ふるさとや地域の生活を守り、ひいては一丸となって日本全体を守っていくことです。コロナ騒動くらいで右往左往したり、国民同士で争ったりしているようではだめなのです。厳しく聞こえるかもしれませんが、**すでに私たちは情報戦の渦中にあるものだと思ってください**。何ひとつ奪われないように気をつけながら、自分たちのなすべきことを着実に積み上げていきましょう」

一次情報以外は、すべてフェイクニュース？

矢作先生はハンカチを取り出し、額の汗をぬぐいました。アシスタントの女性が声をかけます。

「先生、お疲れ様でございました。最後の質問になります」

「では、本日最後のご質問となります。宜しくお願いします！」

7番目に指名された質問者が、ゆっくりと質問を投げかけます。

「私たちが日本で生きていくとき、真理に至るにはいったいどうしたらよいのでしょうか？」

「一次情報を、適切に収集することです。そのためにある程度の英語の能力が必要と感じたら、英語の習得を頑張るのもよいでしょう。そして国内の大手メディアだけではなく、世界的な視野で俯瞰的、総合的に見て考える癖をつけることです。すると必ず、そこに直観が乗ってきます。『ああ、こういうことか』と見えないことが見えるようにもなります。要は自分なりの補助線を引けるようになるのです。ですから具体的にいうと、**新聞、テレビ、雑誌、ラジオなどのニュースは見ない、と決めることで**す。じゃあ、どこから情報をとればよいのかというと、まずはインターネットです。ただし、インターネットは玉石混交です」

「たしかにそうですね」

「ですから、『世界を動かしている人や組織』の公式サイトを見ればよいのです。たとえばトランプさんからの発信やアメリカの国務省、国防総省、米軍のホームページ。そこから一次情報をとれば、いろいろ考えていくことができるはずです。つまり、情報を集めるときの立脚点を間違えないことです。バイアス、つまり偏見のかかった二

次情報を、いくら取り込んでも意味はありません」

「わかりました」

「ちなみに私は、外国のサイトなどを中心にネットサーフィンをしているとき、たまに素晴らしい情報源にたどりつくことがあります。私はそれを『神様からのお便り』と呼んで歓迎するようにしています」

「『神様からのお便り』？　それは何かが、矢作先生のもとに届くわけでしょうか？」

「いえ、予期せぬ出来事として、何かが起こることを、私はそう名付けています。私はビジョンや言葉がイメージで届くことがよくあります。それも神様からのお便りです。しかし、そこまで明確なものでなくても、たとえば雨が突然やんだり、風が吹いたり、虫が飛んできたり、外界の変化という形を借りて、大きな存在からサインが届くことがあるのです。私は、**よいサイトや貴重な情報に出会えることも『神様からのお便り』と呼んでいます」**

「そうなのですか。じゃあ、僕も頑張って、神様からのお便りが届くよう、学びを深め、自分の仕事に精進していきます！」

「はい、それが人として、最も正しいあるべき姿だと思います」

最後にアシスタントの女性がしめくくりの言葉を告げます。

「今回の講義も、終了予定時刻を大幅に上回ってしまいました。今日の回答は、このあたりで終わりとさせてください。来月の講義も、どうぞお楽しみに。視聴したり、ご質問をくださったりした皆様、大変ありがとうございました！」

剛は、オンライン講座の画面から「退出」をクリックし、Ｚｏｏｍの画面を閉じます。そして通販サイトの画面に戻り、カートに入れた「3段カラーボックス」の商品説明のページを開き、その原産国を確認します。するとそこには「中国」という文字がありました。

「やっぱりそうか。気づいてよかった。これも神様からのお便りだな」

剛は、椅子に座り直すと、真剣な表情で、通販サイトの検索を始めるのでした。

［第8話］

「若く見られたい」という強迫観念に取りつかれている沙耶香《さやか》。
「老化を食い止めたい」と願う一心で、
体の悲鳴さえ無視して、ランニングを続けてきました。
しかし、沙耶香の心身は、耐えきれず……。
大きな痛みが、ある日突然彼女を襲います。

「体ちゃん」の悲鳴

突然転んだポニーテール

ある夏の日の朝、矢作先生が下り坂を歩いています。歩道の周りには木が生い茂り、セミがミンミンとうるさく鳴いています。

緑を眺め、ゆったりと呼吸をしながら、心地良さそうに歩く矢作先生を、スポーツブランドの派手なランニングファッションに身を包んだ沙耶香《さやか》が、追い越していきます。沙耶香の長い髪をまとめたポニーテールが、まるで馬の尻尾のように大きく揺れながら、坂道を下っていきます。沙耶香は下り坂を、速度を落とさず走り続けます。

セミの声が、ミンミンと一層大きくなったそのとき。突然、沙耶香がバランスを崩

し、大きく転倒します。

「ドサッ！」

鈍い音が、あたりに響き渡りました。

沙耶香の後ろを歩いていた矢作先生は、反射的に彼女のもとに駆けつけます。

「いたぁぁ……」

沙耶香はうずくまり、右足首を押さえ、痛みに顔をしかめます。

「大丈夫ですか？」

沙耶香は、ゆっくりうなずき、上半身を静かに起こします。しかし、足には強い痛みが走り、ひざを立てることができません。

「いててて…」

再び痛みに顔をしかめる沙耶香に、矢作先生は声をかけます。

「このあと病院に行かれたほうがよいかもしれません。捻挫の可能性がありますから」

「わかってます。この前も、軽く捻挫してるんです」

そこへ二人の通行人が通りかかりましたが、沙耶香に「すみません」と声をかけ、よけて進んでいきます。細い歩道にはガードレールがあるため、うずくまった沙耶香が道をふさいでいたのでした。

「ここは危ないから、ひとまず移動したほうがよいでしょう。動けますか？」

矢作先生の声に、沙耶香は黙ったまま首を横に振ります。

「足が痛すぎるので……。タクシーを呼んで帰ります。すみません、もしよろしかったら、あの道幅が広くなっているところまで、肩をちょっと貸していただけませんか？私、ほんとに動けなくって」

「わかりました」

矢作先生は沙耶香に肩を貸し、数メートル離れたところまで沙耶香をひきずるように、ゆっくりと移動させます。

「ベンチか何かあればいいのですが、何もないですね」

矢作先生は、ポケットからハンカチを取り出すと、道の上に敷き、沙耶香にそこに座るよう促します。

「仕方ありません。ここからタクシーを呼ぶのはどうでしょう。今は無理して動かないほうがいいですよ」

沙耶香は、震える手でスマホを取り出し、タクシーアプリを起動させます。

矢作先生は、近くの電柱に近づき、そのプレートに記された番地を、沙耶香に向かって読み上げます。沙耶香がそれをスマホに入力したところ、「ピロロン！」と音がして、画面に「タクシーの待ち時間　20分」と表示されました。

「今から20分もかかるなんて！」

沙耶香は、がっくりとうなだれます。

靴底が、すべてを物語る

そのとき矢作先生は、沙耶香のランニングシューズの靴底に目を留めます。

「失礼ですが、転倒の原因は靴でしょう。かかとが外側に傾いている……過回外といいますが、かかとの外側の減りが早くなります。すると転びやすくなります。靴底の減り具合は、よく見たほうがいいですよ」

「えっ。私の靴底って、減ってましたっけ？」

驚いた沙耶香が、自分の靴底をよく見ると、確かに外側が内側よりも極端に削れているのがわかりました。

「だから、この前もコケたのか……」

「以前も捻挫をしたとおっしゃっていましたね」

「はい。今日みたいに派手に転んだわけじゃないですけれど。それで、足をくじいちゃって痛くって、お医者さんに診てもらうと『軽い捻挫』って言われました」

「いつのことですか？」

「2週間前です。でも、治ったような気がするんで、おとといからランニングを再開してるんです。だって骨折したわけじゃないし、痛みは引いたし」

「たしかに、『捻挫』は『骨折』ではありません。でも、言い換えると『靭帯損傷《じんたいそんしょう》』ですから、骨折以上に治癒に時間がかかることがあります。捻挫を軽く見て運動を再開することは、とても危険なことです。……すみません、老婆心ながら言わせていただきました」

「まるでお医者さんみたいな言い方ですね」

「はい、私は元医師です」

「ええっ。そうなんですか。やっぱり！」

「通りすがりの者ですが、あなたの大切なお体のことなので、ちょっと口を出させてください。あとでおおごとになっては困りますから」

「はい。お医者さんがそうおっしゃるんなら、ちゃんと聞きます。その前に……先生、痛み止めのお薬、持ってらっしゃいませんか？　あとでお支払いしますから」

「すみません。私個人は、薬を飲む習慣がないので、持ち合わせていません」

「残念……。まあ、我慢できるから全然大丈夫です」

「我慢できるレベルなら、鎮痛薬は飲まないほうがいいですよ」

「そうなんですか？　お医者さんなのに薬をすすめないなんて、おかしくないですか？」

「心ある医者なら、薬なんて最低限しか処方しませんよ。鎮痛薬に頼りすぎないでくださいね」

「私、いつもどこかが痛くなりそうなときとか、熱が上がり始めたときに、すかさず鎮痛薬を飲むようにしてます。そうすると、痛い時間が短くなったり、痛みや熱が出なくなったりするから、効率がいい気がして」

「効率の良さを求めるより、〝体ちゃん〟の声を聞いてあげてください」

「〝体ちゃん〟？　なんですか、それ？」

「私は、感謝と愛情を伝えるために、体のことを〝体ちゃん〟と呼んで、常にその声を聞くようにしています」

「それ、すごいですね。ウケます」

　矢作先生は、静かに微笑み、言葉を続けます。

「とにかく、捻挫を軽く見ないでください。なぜなら、非常に再発しやすいものだからです。あなたの捻挫の程度がどのくらいのレベルか、拝見していないからわかりませんが、一度損傷を受けた靭帯は、傷が残ってしまいます。つまり、ケガをする前と完全に同じ状態には戻らないのです。下手をすると痛みや違和感が残ってしまうこともあります。ですから、完全に治ってから、ジョギングをしていただきたいのです」

「はあ……」

「捻挫のあと、大きな痛みがないからといって、運動をする人は多いです。でもランニングは、思っている以上に足の関節に負荷をかけてしまうものなんです。だから、捻挫が癖になる方が後を絶たないんです」

「わかりました、ありがとうございます。お医者さんがそう言うんだったら、本当にそうなんでしょうね」

「それと専門家に診てもらって、場合により矯正用インソールを使ったほうがよいかどうかも相談されたらいかがでしょう」

沙耶香は明るい表情で、矢作先生を見つめます。

〝体ちゃん〟の悲鳴をスルーしない

するとと矢作先生は、悲しそうな表情になって、頭を大きく横に振ります。

「アドバイスをしておいて何ですが……。『医者が言うのだから』と鵜呑みにしない姿勢も大切ですよ。鵜呑みにしていいのは、〝体ちゃん〟からの声だけです」

「どういうことですか？」

「何より大事なことは、常に〝体ちゃん〟の声を聞くことです。『痛み』というのは、やっぱりひとつの大事なサインなんです。『痛みが強いまま何かをするのは、やめてほしい』という〝体ちゃん〟の悲鳴なのです」

「それも面白いお話ですね。ウケます」

「私は真剣にお話ししていますよ。普段から常に、〝体ちゃん〟に耳を傾けたり、感謝の念を送ったりしたほうがいい。そうすると、何かあっても、早めに伝えてくれますから。『最近疲れているから、早く寝たほうがいいよ』とか『食べすぎないでほしい』とか、いろんな声が聞こえてくるはずです」

「働いていると、そんな悠長なこと、やっている時間はありませんよ。『体には無理をしてもらって当然』と思っていますから。それに私、まだまだ若いつもりですし」

矢作先生は、うなずきながら沙耶香を見つめていました。沙耶香は、ポケットからスマホを取り出し、走った距離を記録するランニングのアプリを開いて眺めます。

「あーあ、最悪。また記録が止まっちゃう。毎日走りたいのに」

「いったいなぜ、捻挫が完治しないうちから走ったのですか？」

「そろそろ走らないと、太ってくるし、体もなまるし……」

「お気持ちはわかりますよ。でも、それでは慢性化してしまいます」

「以前、読んだ記事が忘れられなくって。『運動不足のままでいると、老ける』っていう健康雑誌の記事を読んだことがあるんです」

「たしかに、ずっと運動不足のままでいることは、望ましくありません。私たち人間は、本来獣ですから、適度に体を動かすことが理想的ではあります」

「そうですよね」

「だからといって『老ける』というのは極論だと思います」

「そうですか……。でも、『老けて見える』と言われてしまうと、怖くって。だから、毎日全力を尽くしています。職場でも、プライベートでも」

「大変ですね。老けて見えないようにあなたがそこまで頑張ってしまう理由とは、いったい何でしょうか？」

「だって、老けて見えたら、全部〝終わり〟でしょう？　人からの評価が下がっちゃう。それって、最悪じゃないですか？」

「でも『老けて見える』というのはつまり、人から見ての評価ですよね？」

「もちろん。家の中でひとりで過ごしているときに、老けた私が視界に入るのは、まだ我慢ができます。でも、誰かに『老けてるなあ』と思われるのは絶対にいやです」

「なぜですか？」

「えっ？　だって、人の目って気になりますよね？」

「私はあまり気にならないほうなんです」

「変わってますねぇ」

「ついでに、人様の言動についても、あまり気になりません」

「先生、それはますます変わってますよ！　じゃあ、世界中の誰ともコミュニケーションしていないみたい」

「自分が好きなときに、気の合う方とお話ししていますよ。ただ人のことを過剰に意識せず、目の前のことだけに集中しているから、『どう見られているか』はさして気にならないのだと思います」

「淋しくはないんですか？」

「はい。だって、命があって、空が美しくて、好きなことができる。気が向けば、おいしいものを食べることだってできる。もうそれ以上は望みませんよ」

不機嫌な表情では、福の神も逃げる

矢作先生は、よく晴れた空を見上げます。

セミの鳴き声が、さっきよりも一段と大きくなっていました。

「加齢とうまく付き合うことを『スマートエイジング』と呼ぶそうです。老化現象は、誰にとってもひとつの必然です。だから、その程度を気にしすぎたり、一喜一憂したりするのではなく、老いのプロセスを受け入れるほうがよいと思いませんか？」

「ちょっと待ってください。老いを『受け入れる』んですか？」

「はい。体の変化をネガティブなものとしてとらえるのが『アンチエイジング』。そうではなく、**楽しみとしてとらえるのが『スマートエイジング』**です。たとえば若い頃なら、もちろん体力もあるでしょう。病気やケガも早く治るでしょう。頭だって速く回転するでしょう。しかし年をとると、そういうものが失われて、肉体が衰えたり、病気になったり、集中力も鈍ったり、意欲も減退したり、不注意になったり……でもそれらは、**あの世に行く準備、という意味合いも強いのです**。だから、老化の程度を誰かと比べる必要なんてありません。誰かの目を気にしすぎることもありません。**老化していくこと自体を、面白がることができれば最高です**」

「そんなこと、無理です……」

「いいえ。少なくとも私は、自分の変化を面白がったり、楽しんだりしていますよ。変化を前向きにとらえていると、自分の体にはもちろん、周りにも感謝をしたくなってきます。すると、体の老化や病気、見た目の衰えなどが、結果的に遅くなるはずなのです。**そのためには『健康かどうか』を気にしないことが一番**。食事も運動も、ほどほどに楽しみ、好きなことに集中することが大事です」

「そうなのですね。自分の体が変わっていくプロセスを楽しんで、あまり気にしないことがコツなんですね」

「もちろん、『見た目をまったく気にしない』というのはよくありませんから、朝起きたときくらいは鏡を見て、『自分の顔がにこやかかどうか』、確認してくださいね。ご本人が一番良い観察者のはずです」

沙耶香は、スマホの画面が鏡になるアプリを起動し、自分の顔を確認し始めます。

「私は、電車に乗っている人たちを見ると、顔つきが気になります。にこやかな人は、本当に少ない。皆さんお疲れだということが、すぐに伝わってきます。口を曲げて眉間にしわを寄せていては、福の神が逃げて行ってしまうことでしょう」

「そうですね」

感性を育み、自分らしく「あるがまま」に生きる

「もっと若く見られたい、という願望は、女性に限らず男性にもある欲望ではないか

と思います。もし、若く見られたいのなら『何をもって若々しく見えているのか』、明らかにしておくべきです。日頃からニコニコと笑顔で感謝している人は、年齢問わず若々しく見えるものです。**つまり人の〝若さ〟とは、単純に皮膚のシワやハリについての局所的な評価に限らず、全体から出てくるエネルギー感なのです**」

「エネルギー感？　考えたことはないです。それよりも、私は今まで最先端の化粧品やらサプリメントなんかを研究してきました。かなりの投資額です。そのために働いているようなものです。ランニングを始めたのだって、若さを保つためです」

「恐怖心からアンチエイジングの習慣を続けても、幸せにはなりにくいですよ。それよりも加齢を楽しむことをおすすめしたい。それには、おカネなんてそれほどかかりません」

「そうでしょうか？」

「はい。本来、高額な化粧品など不要です。それよりも、質素でよいので、体に感謝し、バランスのとれた食事、そして適度な運動、穏やかな心。これらを大事にするだけで、誰もが輝きを失わずに年齢を重ねられます。究極は『何も気にしない』という気持ちと態度を身につけることです」

「何も気にしない？」

「つまり執着をしないことです。突然、すべての執着を捨てるのは難しいでしょうが、少しずつ執着を手放していきましょう。すると周りの評価に振り回されず、自分らしく輝いて生きることができます。あなたは、いわば『執着』という名の『荷物』を背負い込みすぎた状態なのです。荷物を降ろせば、人生はもっと楽になりますよ」

獣でいることを、忘れない

沙耶香は何度もうなずきます。

矢作先生も、優しく微笑みを返します。

「よくわかりました。ところで、先生は捻挫にお詳しいようですが、運動は何かしていらっしゃるのですか」

「いえ。私自身は決めごとをしないようにしています。運動も気が向くときには楽しみますが、目標やノルマを立てることはしません。動きたいときは動く、動きたくなければ、動きません。気の向くまま、自由に、好き勝手にしています」

「それはいいですね。私もそうしようかしら」

「人間は元々獣ですからずっと同じ姿勢でいると、段々心身が硬くなってしまいます。ですから可能ならば、1時間に一回、伸びや、階段の昇り降りなど、なんでもよいので体を動かしてみましょう。**とにかく伸びをするだけでもよいので、同じ姿勢を解放することです**」

「え、伸びをするだけでもよいのですか？」

「もちろんです。もし余裕があれば、スクワットや腕立て伏せを行ってもよいでしょう。気をつけてほしいのは、競技ではなく、運動をすることです。大人は、競技やゲームで相手と競い、感情を波立たせても意味がありません。過度なスポーツは体に大きな負荷がかかりあまりおすすめできません。だから自分のペースで好きな運動をすればいいのです。単に歩くだけでもよいですよ。日本人は、昔からよく歩いていたのです。なにかあると、平気で数十キロ歩いたといわれています。たとえば春になると、広い大江戸八百八町を『桜を楽しみたい』といって東京の南から北までひたすら歩く人もいたのです」

「それは楽しそうですね」

「ほかに、ロードバイクで箱根まで往復したり、名古屋や大阪まで行ったりすることがあります。息があがらない程度のペースで、数十キロの長い距離を走るランニング『ロングスローディスタンス』も空いた時間にしています。そうやって運動に没頭しているときは、ひとりでも充実感がみなぎり、爽快感に満たされますよ」

「バイクは気持ち良さそう！」

「はい。それに、適度に外に出ていると、感謝の気持ちが自然に湧いてきます。生きている、生かされているのだと思えてきます。**そして自分の心と体ちゃんに『ありがとうございます』という感謝の気持ちが自然と湧き上がってきます**」

そこにようやくタクシーが到着しました。矢作先生は、沙耶香に肩を貸し、彼女が後部座席に乗り込むのを手伝います。

「今日、あなたが転倒したことは〝神様からのお便り〟です。とにかく〝体ちゃん〟の声に耳を傾けてくださいね」

沙耶香は、深くうなずきます。

「転んだことは、マイナスにとらえないでください。これから体ちゃんの声を聞いて、加齢を受け止めることです」

第8話
「体ちゃん」の悲鳴

沙耶香は、笑顔でこたえます。

矢作先生は、丁寧にお辞儀を返しました。

タクシーの扉がゆっくりと閉まり、ゆっくりと発車します。

車内の沙耶香が後ろを振り返ると、矢作先生が手を振っている姿がガラス越しに見えました。沙耶香は、タクシーの運転手に話しかけます。

「運転手さん、とりあえず、この大通りをまっすぐ行ってください」

「かしこまりました」

「それより、さっきの男性、何歳くらいだと思います？」

「50代でしょう？　どうみても」

「謎ですよねぇ。でも、年齢なんて、ただの〝記号〟かも。あれ、足の痛み、消えちゃった！　降ろしてもらおうかな」

「えっ、お客さん、まだ1メーターも行ってないのに、勘弁してくださいよ……」

「冗談ですよ！　そういえば、『動かないほうがいい』って言われたんだった。本町まで行ってください」

タクシーは沙耶香を乗せて、加速し始めます。

［第9話］

山小屋の主・和彦《かずひこ》は、矢作先生と久しぶりに再会。
その若き日の「武勇伝」に耳を傾け、意外な一面を知ることに。
同時に、命の不思議さ、尊さについても強く認識していきます。
その夜の和彦が、ちょっぴりヘビーで本質的な問いを
矢作先生に投げかけるのには、とある理由がありました……。

山男たちの生命賛歌

雪山での墜落体験の思い出

和彦《かずひこ》は、山小屋の簡易な台所の流しに立ち、大量のニンジンとジャガイモを洗っています。その横のテーブルで、矢作先生がキノコの佃煮をゆっくりと口に運んでいます。和彦は、ニンジンの皮を皮むき器で、手早くむきはじめました。窓の外はすっかり真っ暗。壁の時計は20時を指しています。

和彦が矢作先生のテーブルに、お茶の入ったマグカップをそっと置きました。

「僕、矢作先生とゆっくり話してみたいと思っていたんです。先生は長年、生と死を見つめ続けてきたから、すでにいろんなことを悟っていらっしゃるでしょう」

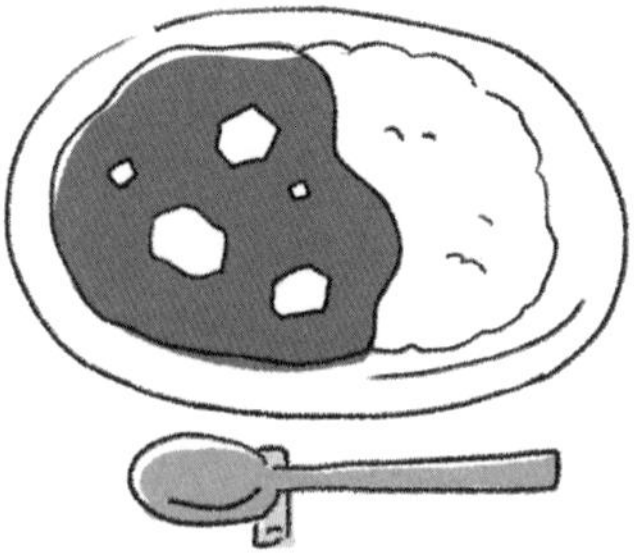

第9話
山男たちの生命賛歌

「いえ、決して悟っているわけではありません」

「でも緊急の治療が必要な患者さんや、そのご家族に常に接していることで、いろいろおわかりになったことが多いと思うんです。命のこととか、あの世のこととか」

「そうですね。でも私は『医者になったからわかった』というより、子どもの頃からうっすらと覚えていたんですよ。また実際に何度か死にかけた経験があるのです。たとえば小学校3年生のとき、車にはねられて、頭をひどく打ちました。病院のベッドの上で気がついたときに医師から『絶対に体を動かしたらダメ』と言われました。そのときはなんとか助かったのですが、退院のときに医師が『この子は小学校を卒業するまえに死ぬかもしれない』と話しました。それから『死』というものがとても身近なものになりました」

「なるほど、それは納得できます。貴重な体験をされたのですね」

「大学時代にも、死を覚悟する出来事に見舞われました。登山中の墜落体験です」

「墜落事故？　僕たちも職業柄しょっちゅう見聞きしますが……。ほとんどのケースが助からない印象です。矢作先生は墜落しても助かったんですか？」

「おかげさまで。それは大学5年生のとき昭和54年3月でした。単独登山中に、北アルプスの鹿島槍《かしまやり》ヶ岳で墜落してしまったんです。その日は、一寸先も見えないほどの猛吹雪でした」

「うわぁ、それは怖い状況ですね」

「私も若い頃は向こう見ずで無鉄砲だったのです。山に関わる仕事で生きていこうとしていましたから。冬季でも天候に関わらず行動していました。でも誤って雪庇《せっぴ》を踏んで、北壁の絶壁を一気に落下してしまったんです」

「うわぁぁぁぁ。それは普通、絶対に助からないパターンです」

「はい。山に詳しい方は、皆さんそうおっしゃいます。でも、私は奇跡的に助かりました。しかも大きなケガを負わなかったんです」

「強運すぎます。そんな話、聞いたことがない」

「そうですね……。もう大きな存在のはからいを感じずにはおれません。絶壁を落下しているとき、時間の進み方がいつもと違うと、肌身で感じていました。また周りの景色がなぜかゆっくりと見えて、『これから自分は死ぬんだろう』とも考えていました。肉体という『鎧』から、『魂』の一部が外れて、思考の回転が上がったために、周りの動きをいつも以上にゆっくりに感じたんでしょう」

第9話
山男たちの生命賛歌

「すごい経験をされましたね。北壁は下まで落ちると1千mほどの高さがありますから、滑落しても無事でいるほうが不思議ですよ」

「私もそう思います。でも、北壁から生還できたあと、その続きを登るために荷物を補充して再び入山しました。性懲りもなく」

　和彦はむき終えたニンジンを切り、水を張った大きな寸胴鍋《ずんどうなべ》に入れ、火にかけます。それから次に、大量のジャガイモの皮をむき始めます。

「矢作先生って、お若いときはかなりのヤンチャだったんですね」

「今ではそんなこと絶対にしませんよ。肉体も大事にしていますから。でも、あの感覚はなんでしょうか、『また行きたくなる山の魅力』というか、『山に呼ばれる』というか……。その雪山でさらに不思議な体験をしたのです。その年の12月、またも吹雪の日、ピューピューと風の音がする中で、**突然、声が聞こえたんです。『もう、山には来るな』と**」

「ええっ?」

「それが、私を守ってくれる存在の声だと感じたのです」

「いったいどんな声でしたか?　矢作先生の幻聴じゃないんですか?」

「男性か女性の声かもわからないんですが、現実味のあるはっきりした声でした。しかも、ストンと腑に落ちたんです。その日以後、あれほどのめりこんだ登山をキッパリとやめました」

「大好きな山行を、よくやめられましたね」

「はい。不思議な経験のおかげで、『人間とは大きな存在に守られている』と感じることができて、**『人間のようなちっぽけな存在が、大きな存在の導きにかなうわけがない』と素直に思えたんです。**あの声は、神様からの手紙でした」

「神様からの手紙？」

「あの声のおかげで、私の人生は違う方向へと動き始めました。**『こんな登り方を続けていたらダメ。これからの生き方をよく考えなさい』**という意味が含まれていたのかもしれません」

「なるほど。神様からの手紙ですか。私は、そういうものを受け取ったことがまだないのですが、きっとそうなんでしょうね」

矢作先生は深くうなずきます。和彦は切り終えたジャガイモを、いったんザルに移します。それから、ゴーグルを顔につけると、大量の玉ネギの皮をむき、切り始めます。

医師生活は修行だった

「さすが、プロの仕込みですね。何かお手伝いしましょうか？」

「いえいえ。それより矢作先生のお話を聞かせてくださいよ。今晩は、矢作先生をひとり占めできて、本当にうれしいんですから」

　矢作先生は微笑み、会釈を返します。

「矢作先生のお話は、医学なんて学んだことのない僕にもよくわかります。いや、学校での勉強自体も、そんなにしていませんけれど（笑）。さっきおっしゃっていた『人間のようなちっぽけな存在』っていう言葉も、実感します。山にいるから、特にそう思えるのかもしれません。人間ってなんて無力なんだって。また大きな存在についても感じますよ。それが何かはわかりませんが……。でも先生は生き残ってくださって、本当によかった。おかげで、心や命が救われた方が大勢いらっしゃるのですから」

「いえ『多くの命を救えた』なんて、胸を張って言えません。私が長く勤めていた『救急』とは、すでに大変な状況の患者さんが運ばれてくるところですから『私の力で、人を助けてあげることができた』という考え方にはまったくなれません」

「そういうものですか。私たち一般人から見たら、お医者さんは雲の上の偉い人です」

「ただ、雪山であんな目に遭ったのに、生き残ったということは、きっと何か意味があるのだろうと。だから、**その『お役目』を果たしていこうと思ったのです。**与えられた目の前の課題や仕事に、没頭することにしたのです」

「なるほど。雪山での２度の体験を経て、『大きな存在』を意識しながら医学を学び、医療の現場で尽力を続けてこられたのですね」

「はい。とはいえ、働き始めてからも、医療を本当の意味で『天職』と思えるようには、なかなかなりませんでしたよ」

「ええっ、そうなのですか？　それは意外です」

「『きちんと業務をこなさなければ』という真面目な義務感だけで、『医師』を仕事として続けていました。『良心を裏切る』とまでは言わないけれども、やっぱり本当の人生を生きていなかったと今になって感じます」

「でも、医師時代の貴重な経験があるからこそ、今の先生の執筆や講演などの活動があるのですよね？」

「はい。でも正直なところ、医療から足を洗って本当にほっとしました。逆を言えば、退官するまでの35年間の医師生活は、もちろん無駄とは思いませんけれど、ある意味『修行』でした。それも人様に尊敬されるような立派な『修行』ではなく、自分を欺いていたことへの見返りとでも言うような……」

「いえいえ、先生の35年間の医師生活は、ご立派だったと思いますよ。頭が下がります。医療の現場でも、『大きな存在』や『あの世』を意識されることはあったのですか？」

「はい。医師になったあと、医療現場に実際に立ってみて、霊障も含めて医学で説明できない現象を何度も目の当たりにしました」

「霊？　それはちょっと怖いですね（笑）。明かりを増やしましょう」

和彦は玉ネギを切る手を止めて、ランプに火をつけ、矢作先生のテーブルに置きます。矢作先生は微笑んで会釈したあと、ランプの炎をじっと見つめます。

「矢作先生は、いったいどんなことをご覧になったんですか？」

「たとえば、よくあるのが『治療がうまくいったはずの患者さんが急変して亡くなる』というケースです。逆に、助からないはずの患者さんが回復するなど、現代医学では説明できないことが数多くありました」

「なるほど。矢作先生がいらっしゃった最先端の病院でも、科学的な説明ができないってことなんですか？」

「はい。やはり西洋医学と魂の世界は、まったく別々の世界ですから。いわゆる『臨死体験』を、患者さんご本人から聞くこともありました。死期の迫っている患者さんに多いのですが、多くの方たちが、それぞれに光を見た体験などを語ってくださいました。もっとも、それらの現象は、脳内ホルモンの作用として説明されることもありますが、それだけではどうも説明しきれないという場合がありますが」

和彦は食い入るように視線を矢作先生に向けます。

「私の脳裏に特によく焼き付いているのは、患者さんの穏やかな表情です。バイタルサインといって『脈拍』や『血圧』『呼吸』などの目安があるのですが……。その数値を見ると亡くなる時に、その患者さんの表情が、穏やかに意識を取り戻したかのように変化したり、幸せそうな顔をしたり」

「へえ、そんなことがあるものなんですか？」

「はい。でもそれは、今の西洋医学ではまったく説明ができません。ですから、その場に居合わせた医療従事者たちも、深く考えようとはしないのです。そもそも、西洋医学は魂の存在を前提とはしていませんから。ただ、私は『あの世にいる家族や友人がお迎えにきたのだろう』などと考えて、心の中で祝福をしていました」

「では矢作先生は、西洋医学と、その対極にある魂の世界、2つの世界を軽々と行き来しながら、患者さんの命と向き合ってこられたんですね」

日本人は、本来の良さを失いつつある

和彦は切り終えた玉ネギを、ジャガイモと一緒に大きな寸胴鍋に加えます。そして、冷蔵庫から肉を出して、切り始めました。

「いい肉が手に入ったんですよ。あっ、先生はお肉、ダメでしたね……」

矢作先生は、静かに微笑みを返します。

「じゃあ、明日は石釜で焼いた特製きのこピザと、山のサラダをお出ししますね」

矢作先生は、深く頭を下げます。

「でも、35年間もお医者さんを続けていると、さまざまな変化を感じられたのでは？　どんな分野もそうでしょうが、30年も経てばよい方向に相当発達しますよね？　たと

えば、昔なら絶対に助からなかったような人が、簡単に助かるようになったとか」

「はい。もちろんそうだと思います。そして、医学の恩恵を受けた方も、当然多くいらっしゃいます。ですが、私自身はそっちの方面にあまり興味がないといいますか……。別の問題が気になってしかたがないのです」

「といいますと？」

「確かに私は35年間、医療の現場、それも『救急・集中治療』という死と隣り合わせのところにいました。**そこで最も痛感したのは、『日本人は、本来の良さを失いつつあるのではないか』ということなんです**」

「え？　医療の最前線にいらっしゃったのに、そんな精神的なことを考えていらっしゃったんですか？　どういうことですか？」

「私が駆け出しの頃の『患者さん』とは、私の親世代、つまり明治・大正の生まれの方がほとんどでした。そして、『明治・大正生まれの方々』と、次の『昭和前期生まれの方々』とでは、価値観に大きな違いがあるのです」

「まあ、世代が違えばそうでしょうね。育ってきた環境も風俗も違いますし」

「たとえば、治療時の『現実の受け入れ方』ひとつとってもだいぶ違いがあるのです。

抽象的な言い方になってしまいますが、『足るを知る』とか『受け入れる』とか、そういった感覚が、若い世代になるにつれ、薄まり続けているのです。端的にいうと、昔の人たちは『いつか死ぬ』という事実を受け入れやすい。けれども若い世代になるにつれ、**『この世での肉体の〝生〟には終わりがある』という事実を忘れているのです。**だから、『病院に来れば治る』『医者に任せさえすればなんとかなる』と思い込んでしまう。そして、いざ死に直面するとあわてふためく。当然、そのような死生観は患者さん本人の近親者にも影響します」

「なるほど。ちょっと僕、ドキッとしますよ」

生きているだけで、奇跡

「いくら医療が進歩しても、この世での『死』を避けられるわけがありません。だから、生と死についてもっと深く考えて、心豊かで幸せな人生を送ってほしいのです」

「はい……」

「つまり、『今生きていること自体が、奇跡のようなものだ』と気づいていれば、『呼吸をしているだけでもありがたい』という感謝の気持ちが生じるはずなのです。多くの方が勘違いをしていて、どうやら『今あることが当たり前』というところが、スタート地点になっているように感じられます」

「よくわかります。私だって、今まで元気な体で過ごせていて当然だととらえていましたから」

「はい、皆さんがそうなんです。だから、ご本人も当然ですが、その近親者の方々も、身内の方の死を、長い間受け入れられない。何についてもいえることですが、人とは『あること』を前提にしてしまうと、感謝の気持ちはなくなるのです」

和彦は肉を切り終え、包丁とまな板を洗います。

「たしかにそうです。それって食事にもあてはまります。ここに来られたお客さんに、以前『なんだ、今日のメニューはカレーか』と言われたことがあります。山で温かいものを提供するのがどれほど大変なことか、気づいていらっしゃらないのです。矢作先生のお話、わかるなぁ……」

「ありがとうございます。少しお話ししすぎてしまいました。ただ『西洋医学は万能である』という風潮への疑問や違和感が拭えません。ですから私は西洋医学ではなく、気功や代替医療についても、関心がありました。**そこで学んだのは『世の中には、物理法則では説明がつかない世界が存在する』という事実です**」

「どういうことですか？」

「西洋医学が属する『科学』は、個別の現象のメカニズムを説明することはできます。でも『なぜ宇宙があるのか』というような根源的な問いには、まったく歯が立ちません。そのような問題は、科学的ではないと、日本では長らくみなされてきました。しかし、この世界は科学が発達した現代でも、まだまだ神秘に満ちています。むしろ、**『人が知りうる部分はわずか』と認識しておくのが正解でしょう。**現代の日本は、魂などの見えない世界について、軽く見すぎているような気がします」

「そうなのですか？」

「はい。欧米では著名な科学者が心霊研究に取り組んできた歴史があります。現代でも代替医療などへの関心は高い。ところが日本は、明治時代に『文明開化』という御旗のもとに古来の思想を捨て、合理的なものを大事にしすぎてしまったのです。つまり日本人の良さや、日本古来の霊性を失ってしまったのです」

「難しいお話だ。それは『宗教をもっと大事にすべき』ということなのでしょうか？」

「いえ。私のいう『霊性』とは、特定の宗教や、特定の神様を指す言葉ではありません。もっとシンプルに、『人知』を超えた大きな力の存在を意識できる感性のことです。日本人はよく無宗教だと言われますが、古来、森羅万象に神々の存在を感じ、死者の霊の存在も信じてきました。そうしたすばらしい感性は、今なお誰の心にも残っているはずです」

「『霊性』……ですか。あまり聞かない言葉です」

「私たちは生かされているので、肉体は滅んでも霊魂は永遠に生き続けます。ですから、亡くなった人の霊に、いつも見守られているというわけです。そのように考えれば、生きている限りは感謝の気持ちを持って生きられ、死に直面してもあわてずに済むはずです」

「なるほど。『霊』と聞くと、つい宗教めいたものなのかと思ってしまいます」

「むしろ、危険な宗教には絶対に近寄ってはいけません」

「でも、何が危険なのか見分けがつきませんよ、素人には」

「それは簡単です。心身を追いつめる、金品を要求する、本人の自由意志に干渉する、他者や他の宗教をけなす、そのような宗教は避けるべきです」

「なるほど、わかりやすいですね」

和彦は、寸胴鍋から、煮た野菜を小皿に取り出し、やわらかさを確認します。そして、切った肉をすべて寸胴鍋に入れます。そして、大量の米を研ぎ始めました。

「いい米が手に入ったんですよ」

「極上のカレーができそうですね」

「死にたくない」という欲求の謎

和彦は、なおも矢作先生に問いをたたみかけます。

「矢作先生って、退職されてから多くの本を出して、ファンの方を含め多くの人と接するようになられたと思うんです。そんなとき、何か感じることはありますか？」

「そうですね。少し前のことですが、死生観の話になったとき『私、死にたくないんです』とおっしゃる方がいたので、驚きました。私にとっては、『この世』と『あの世』はつながっているもの、だからです」

「この世での人生を終えたあと、あの世に行くということですか？」

「はい。『**その人の魂は決して死なず、永久にさまざまな次元の世界で人生を繰り返す**』ととらえています。それも、漫然と生きるのではなく、学ぶために生きるということです」

「学ぶために、ですか？」

「はい、成長するためにといってもよいでしょう。そう考えると、『死にたくない』という方の気持ちが、私にはまったくわからないのです。**魂は、『体』という鎧を替えて、ずっと持続するものですから**」

「たしかに先生のお考えでいくと『この世での死』は単なる通過点みたいなもの、ってことになりますね」

「『死にたくない』という人は『死ぬことによってこの世の学びが終わることが残念と言っているのか？』『この世で親しくした人たちとのご縁が、いったん切れるように見えることが淋しいと言っているのか？』などと、いろいろ考えてしまいました。その方も、私の考えがよくわからないと思いますが、私もその方の考えがよくわからないのです。わからないというか、『論理破綻』しているようにしか思えないのです。しかし『死にたくない』という思いにとらわれて、この世での死をおそれ続けている人は、『自分でその道を選んでいる』という側面もあるのです」

「えっ？」

「心配ばかりしている人は、『心配することが好きな人』。先のことを怖がってばかりいる人は『怖がることが好きな人』。ですから、そういう人とお話をして、話を理解していただけないときは『**死にたくないと怖がるゲームに没頭していらっしゃるのだな**』**ととらえるようにしています**。『あの世もある』ということを理解していただけないときは、私自身の力不足を感じますし、仕方がないなとも思います。とはいえ、押し付ける気はありませんし、私は私の人生を精一杯生きるのみです」

　和彦はカレールーを溶かし、寸胴鍋に入れます。そのとたん、寸胴鍋の中に、茶色い渦巻きが広がります。それから和彦はウイスキーのお湯割りを作り、一口飲みます。

「先生、一杯どうですか？」

「いえ、私は控えています。お気遣いありがとうございます」

「すいませんね。そろそろ仕込みも終わりなんで、ちょっとキッチンドランカーでやらせてもらいます」

　和彦は再び、お湯割りに口をつけました。

「先生の雪山の不思議な体験のようなことを経験したら、『あの世』を信じられるようになるかもしれませんね」

「たしかにそうですね。自分で体験しないとわかりませんね。でも、あの世を信じられないという人も、必要なときに必要な体験をするはずですから、心配はいりません。他人が干渉することではないのです」

「はい、よくわかります」

「もし『死にたくない』と心配をしている余裕があるならば、何か行動を起こせばいいのです。たとえば『残った人に迷惑をかける割合を少しでも減らしたい』という視点で『リビング・ウィル（生前意思）』を残しておくのはよいでしょう。もちろん本格的に行うと手間もかかりますから、わかる範囲で少しずつでよいですし、『生前こう言っていた』と意思がわかるように残しておくだけでも十分です」

「リビング・ウィル、私も興味があるんですが、具体的にはどういうことですか？」

「よくあるのは遺産相続、葬儀の問題です。人によっては、お墓、納骨などの問題でしょうか。あとは終末期の医療への希望も、一筆残しておくとよいかもしれません。私は『終末期での積極的医療は希望しません』と表明しています」

「私、そこがよくわからないんです。矢作先生はなぜ、積極的に治療に挑戦しようとは思わないんですか？」

「医療が積極的に介入する前の段階が、その人の定められた寿命である可能性が高いからです。それを無理やり数時間、数日、数週間延ばすことにさして意味があるとは思えません。ましてや医療資源が限られている状況でしたらなおさらです」

「そういう考え方もあるのですね。勉強になります。ほかに、違和感を抱いてしまうことって何かありませんか？」

平均寿命という呪縛

「『平均寿命』という言葉でしょうか……」

「どういうことですか？　平均寿命は、僕もよく見聞きしますが」

「メディアがよく取り上げるせいかもしれませんが、『平均寿命』という言葉に縛られて、苦しんでいる人が多いのです」

「僕もかなり気にしちゃいます。それって、ダメなことですか？」

「平均寿命という言葉によって多くの人が『私もそこまで生きられるはず』と錯覚してしまっている、あるいは脅迫観念のようになっている人もいます。それは決してよいことではありません。特に『日本人の平均寿命は世界的にトップレベル』などと、よくメディアが報じるものですから、『自分もそこまで生きて当然』、もしくは『生きられないと不良品』などと思ってしまうのは問題です」

「平均寿命という呪縛、と言えそうですね」

「その通りです。ですから『平均寿命までとにかく命を長らえさせないといけない』と考えるのではなく、『明日死んでもよい』と思えるくらい、毎秒毎秒を真剣に生きたらよいのです。もしくは、そこまで頑張らなくてもよくって、『毎秒毎秒を、悔いのないように、あるがままに生きる』という態度が大事だと思います」

「矢作先生がおっしゃっていること、よくわかります」

「人は皆、大いなる存在に生かされているのです。だから死なんて心配せず、意識もせず、今に集中して生きることが大切であり、何よりも今という瞬間を楽しむことが最も重要なのです」

日常生活を丁寧に行うことで、中今を生きる

和彦は矢作先生の話を聞きながら、火を止め、味見をして、ガッツポーズをします。

「いやあ、おいしくできました。手前味噌ですが……」

矢作先生は、和彦に優しく微笑みます。和彦はなおも言葉を続けます。アルコールが、彼をいつもより饒舌《じょうぜつ》にしているようでした。

「『今という瞬間を楽しむこと』っていいですね。僕は今まさに、最高に『今』という瞬間を楽しんでいますよ。今夜のことは、ずっと忘れません」

「私もです。硬い話になりますが、『今という瞬間を楽しむこと』を、『中今』といいます。これは神道から継承されている考え方です。意識を『過去』や『未来』に合わせるのではなく、『今』という時間を大切にして、『今この瞬間を無心に生きる、楽しむ』という感覚のことです」

「へえ、神道からきている言葉なのですか」

「はい。私自身も、親からよく言われて育ちました。子どもの頃、楽しいことがあれ

ば、ごはんを食べることすらも親が呼びに来ない限りは忘れて、一所懸命遊んでいることがありましたよね。あの感覚です」

「はい、とてもよくわかります」

「たとえば、ひとりでいるときでも『淋しい』という心のあり方ではなく『とても自由な状態で、ありがたいもの』と受け止めて、あるがままに、ありのままに今を楽しむことが『中今』につながるのです」

「では、私のように年をとって大人になってしまった場合は、どうすれば、『中今』の状態になれるでしょうか？」

「やはり何かひとつ好きなこと、没我状況になれるものを持っておく、というのが実際的な方法です。単純に童心、無心になれる方法であれば、何でもよいのです。瞑想してもいいし座禅を組んでもいいし、ヨガをしてもいい。絵を描くのが好き、音楽が好き、武道をするのが好きなら、それをやるうちにその世界に没入できますから。そうした没頭体験をしていると、今そこに集中する自分以外の余計な感情が自分から消えていくでしょう」

「『中今』の状態になるほど好きなものがない場合、どうすればよいでしょうか？」

「そうですね。誰もが『今から、中今になろう』と思ってなれるわけではありませんし、中今の状態になれないことが悪いわけでもありません。特に熱中できることがなければ、たとえば料理や軽い運動で体を動かすだけでもいいんです」

「料理？　私、毎日やってますよ」

「それを意識的に行うことです。たとえば食材を切り、焼き、煮炊きし、味付けし、火加減に注意する。一連の動きには、集中力が必要でしょう。そのことで『今の自分』を楽しめばいいのです。何も意識せず体を動かすのではなく、『楽しい』と思ったり、『最高の出来にしよう』と目標を掲げたり、新しい味付けに挑戦してワクワクしたり。**大事なことはのんべんだらりとながら作業をするのではなく、感謝しながら楽しむこと**です。すると、ほかのことにも感謝の気持ちが湧いてきますし、自分の体にも感謝をしたくなるでしょう」

「なるほど。よくわかります。たとえば僕はここらへんの山を一日に何度も巡回します。そのとき、『中今』を意識しながら歩けばよいのでしょうか？」

「素晴らしいと思います。慣れている場所でも、歩くたびに何かしら気づくはずです。四季の移り変わりとか、太陽の美しさとか、空気のさわやかさ、草や花の香り……」

「それなら、今の私でもすぐにできそうです」

窓の外には、雪がちらほらと舞い始めました。矢作先生は、窓の外を見つめながら、ゆっくり話を続けます。

「そういえば私は若い頃、山を攻める気持ちで、一歩一歩踏みしめながら登っていました。でも、年齢を重ねて、もう体が若い頃のように動かなくなると、負荷のかからない歩き方になってきました。すると、昔の私なら気づかなかっただろう雄大な景色や、木や花の美しさに感動し圧倒されるのです。若い頃は、目の前の勉強や仕事に打ち込むことが『中今』の状態でしたが、**年をとると自然に触れることで、中今を感じることができるような気がします**」

「たしかに。自然はいいものですね。でも矢作先生は、普段は都会に暮らしていらっしゃる。月に何度か山に来られる以外は、いったいどうやって自然に触れていらっしゃるんですか？」

「自宅の猫の額のような庭や室内で、プランターや鉢植えの植物を育てています」

「わぁ、それは意外です。どんな植物を？」

「たとえば胡蝶蘭《こちょうらん》など、南洋系の花です。友人からいただいたものです。それから興味を持ち、世話の仕方を調べたところ、素人でも手軽に育てられるとわかりました。毎年咲いてくれる花に、心を打たれています。それに、花芽が伸びる様子や根の張り方などを観察していると、その生命力に驚かされます」

「きれいなだけじゃなく、丈夫なんですね」

「育て方次第で胡蝶蘭は50年と生きてくれるそうです。花に囲まれる生活がこれほど楽しみやエネルギーを与えてくれるとは、若い頃はまったく思いもよりませんでした」

「そうですね……。僕も若い頃を振り返ると、今との違いに驚きます。年齢を重ねてわかるのは『人は必ず年をとるのだなあ』ということです」

「おっしゃる通りです。人は必ず年をとりますし、肉体は必ず衰える方面へと向かいますが、それと魂の成長はあまり関係がありません。どんな肉体でも、魂は自由です」

末期ガンからも気づきを得ることはできる

「『どんな肉体でも魂は自由』、ですか……」

和彦は、残りのお湯割りを飲み干すと、ゆっくりと低い声で切り出しました。

「実は私、最近末期ガンと宣告されたんです」

矢作先生は、静かにうなずきます。

「だから誰かと話したくて。でも、誰にも言えなくて。今回、矢作先生から『週末に行きます』とご連絡をいただいたとき、本当にうれしかったです。その連絡こそ、私にとってはまさに『神様からの手紙』でした」

「喜んでいただけるのはうれしいのですが、私は特に何のお役にも立てませんよ」

「いえ。矢作先生とまたゆっくりお話ができて、本当にうれしいです。もう3年ぶりですもの」

矢作先生は、静かに頭を下げます。

「矢作先生だから、僕、正直に言います。末期ガンと宣告されてから、もう2週間が経ちます。治療計画も立ててもらい、これから下山して、大きな病院に入院もする予定です。僕は、難しいことはよくわかりませんから、主治医がすすめてくれる標準治療を受けようと思っています。『名医を探そう』とか、大それたことは考えていません。ごくごく一般的な治療を受け、ガンに向きあうと考えています。そして、人生を少しでも長く楽しもうと願っています。先生は、そんな僕をおかしいと思われますか?」

矢作先生は、首を横に振ります。

「ご自身で納得して選ばれた道なら、それが一番です。また、『この世』を長く楽しみたいと感じることが、否定すべき感情であるわけがありません。**あなたはそのままでよいのです。**しかし、突然の展開に驚かれたことでしょう。おつらかったですね」

和彦は、矢作先生に背を向け、肩を震わせ始めました。

「お恥ずかしいのですが、『死にたくない』と感じています。また男性の平均寿命のデータを見ては、自分の人生をうらめしく思っています。矢作先生がお話しくださった教えと、まるっきり逆なのです。私はいったいどうすればよいのでしょうか」

「すべての患者さんにいえることですが、**『QOL(Quality Of Life)』、つまり『生活の質』を落とさないことが大切です。**和彦さんが、びくびくしながら生きるのは、車いすの生活に突然なるより『QOLが低い』といえるのではないでしょうか」

「はい、そうだと思います」

「QOLを支えるのは、言うまでもなく、和彦さんご自身の心のあり方です。これから今後、たとえ寝たきりになったとしても、体がどんな状態になったとしても、もし心穏やかに過ごせれば、それはそれで素晴らしいことなのです。いずれにしても和彦さんは、これからどんな症状がでてくるのだろうとびくびく過ごす必要なんてありません。何に気づき、どう生きるのか。それしかないと、知ってください」

「はい……」

「大切なことは『何歳まで、どのような状態で生きるか』という問題ではないのです。それよりも、生まれてから死ぬまでにどれだけ気づきを得て、何を学べるかではないでしょうか。病気によっても、何かに気づくことができるはずです」

「ええっ、私はもう50代半ばですが、今から気づくことなんてあるんでしょうか」

「当然です。それが何かは、和彦さんご自身が最もよくご存じのはずです」

「ええっ、今の時点ではまったく予想もつきませんが」

「大丈夫です。機が熟すと、ひとりでに神様の手紙が届き始めますから」

「自力で呼吸できる」という喜び

「しかし、そろそろ暮らしに支障が出るほど心が苦しいんです。おかげで最近、酒の量も増えてしまいました。精神科、心療内科などに行ってみようかという気持ちもあります。そろそろ医療の力を借りてもよいかなぁと感じています」

「もちろん、和彦さんがそう思われるようなら、それも正解でしょう。ただ、どんな治療を受けるときでも、大事なことは、やはり『中今』を意識することです。**過去や未来に意識を向けず、『今』という一瞬に意識を合わせるのです。**私たちの人生は、1秒1秒の積み重ねでしかありません。そして多くの場合、その1秒間それぞれに『問題』なんてないはずです」

「はい、たしかに」

「もし、『中今』に意識を合わせることが難しいなら、**ご自身の行動を実況中継する練習をしてみてください。**たとえば『今、私は手を伸ばすことができました。ありがとう。そしてコップを持つことができました。ありがとう。それから肘を曲げて、コップを口に近づけて、水を一口飲むことができました。ありがとう』という具合です。自分の行動や所作を丁寧に行うと、想像以上に集中力が必要です。そして、余計なことを考えそうになるのを防ぐことができます。それは、単に忙しくして不安を忘れる、というのではなく、**今を丁寧に生きることにつながりますから**」

「今を丁寧に生きる、ですか……」

「それともうひとつ。心の問題が大きくなりすぎると、ひきつけや過呼吸などを起こし、パニックになることもありますが、ある程度自分の力で遠ざけることができます」

「ぜひ教えてください」

「それは、**呼吸を意識的に行うことです**。たとえばまず目が覚めたとき、ゆっくりと一回だけ、深呼吸をしてみてください。しかも、一回だけです。そののち無意識のうちに吸って吐いてを繰り返すことになるので、最初の一回だけを、意識的に大きく吸って吐いてみるのです。立って行ってもよし、布団の中で寝ころんだ姿勢のまま行ってもよし。どちらにせよ大切なのは、一日一回でもいいので、**意識的に呼吸をしてみることです**。人は寝ている間も休むことなく、一日約二万四千〜二万八千回呼吸していいます。それが当たり前になってしまっているからこそ、朝に目覚めたら大きく一回、深呼吸をしてみたらと思います。**そして『息が吸える』と感動できるようになったら、それは自分の体に感謝ができている証拠です**」

「深呼吸ですか。つまり『感謝のハードルを下げる』ということに聞こえます」

　矢作先生は、一言一言区切るように、優しくこう語りかけました。

「人とは100%死ぬものです。**皆が行く『あの世』が悪いところのはずがないでし**

よう。私は、その真理をお伝えしたいと思います」

和彦は、矢作先生にくるりと背を向けます。その肩は、小刻みに震えていました。

「先生……。何か、お出ししましょうか？」

「いいえ、私はそろそろ休もうかと思います。和彦さんもお疲れ様でした。明日もご厄介になります。今日はありがとうございました」

「そうですか。私はもう少しここを、片付けていくことにします」

「お手伝いできることがあれば、なんでもいってください。お酒は、そのあたりでやめておきましょうね」

和彦は、矢作先生に向き直り、精一杯笑顔をつくりながら、頭を下げました。

「私はもう少し、ここで中今を生きていきますね」

矢作先生は立ち上がり、深くお辞儀をしてから、自室へと向かっていきました。

和彦は涙を腕で拭い、台所の流しを磨き始めるのでした。

おわりに

本書で最もお伝えしたかったこと。

それは、やはり「中今を生きること」の大切さです。

何度も繰り返し、メッセージとして発信してきたつもりですが、「中今」にこそ、幸せに生きるヒントがあります。ですから、何かに集中したり無心になったりして、この瞬間を生きることが大事なのです。

そうすると、ネガティブな感情やストレスはスーッと消えていきますし、三次元である「今」から「高次元」へ、つながりやすくなっていきます。


本書に出てきた9人の「悩める人たち」は、物語の最初では「中今」をうまく生きされていなかったように思います。けれども、感謝や感動を意識することで気づきを得ました。

「中今」の状態に入りやすくなっていく。

神様からのお便りに、気づきやすくなっていく。

そんな成長を遂げてくれたように感じられてなりません。

つまり「中今を生きること」は、誰にでもできる心得のひとつなのです。

この心得をひとりでも多くの方が身につけて、人生を好転させていってくだされば、著者として望外の喜びです。

最後になりましたが、私をここまで導いてくださったすべての皆さんに、お礼を申し上げたいと思います。

今回初めて「ショートストーリー」という形に挑戦させていただきましたが、本書は、「今までご縁があった方々と交わしたすべての言葉」が結晶化したものだと思っています。また、執筆に協力してくださった赤尾由美さん、山守麻衣さん、そして本づくりに携《たずさ》わってくださったすべてのスタッフさんにも感謝をしています。

願わくば、本書がさらに多くの皆様との素敵なご縁を結んでいってくれますように。

令和3年3月吉日
公園のベンチから、青く澄みきった空を見上げながら

矢作直樹

矢作直樹（やはぎ なおき）

1956年、神奈川県生まれ。1981年、金沢大学医学部卒業。その後、麻酔科を皮切りに救急・集中治療、内科、手術部などを経験。1999年、東京大学大学院新領域創成科学研究科環境学専攻および同大学工学部精密機械工学科教授。2001年、東京大学大学院医学系研究科救急医学分野教授および同大学医学部附属病院救急部・集中治療部部長。2016年3月に任期満了退官。著書に『人は死なない』（バジリコ）、『天皇』（扶桑社）、『「ねばならない」を捨てて生きる』（幻冬舎）、『自分を好きになる練習』（文響社）、『アフター・コロナの未来ビジョン』（青林堂／並木良和氏との共著）、『あらゆるストレスが消えていく50の神習慣』、『「死」が怖くなくなる50の神思考』（ともに小社刊）など多数。

公式ウェブサイト https://yahaginaoki.jp/（「矢作直樹」で検索）

神様からのお便り

著者　矢作直樹

令和3年4月5日　初版発行

イラスト　ごえたむ
装丁　森田直／佐藤桜弥子（FROG KING STUDIO）
校正　玄冬書林
企画協力　赤尾由美
構成　山守麻衣
編集　岩尾雅彦（ワニブックス）

発行者　横内正昭
編集人　青柳有紀
発行所　株式会社ワニブックス
〒150-8482
東京都渋谷区恵比寿4-4-9えびす大黒ビル
電話　03-5449-2711（代表）　03-5449-2716（編集部）
ワニブックス HP　http://www.wani.co.jp/
WANI BOOKOUT　http://www.wanibookout.com/
WANI BOOKS NewsCrunch　https://wanibooks-newscrunch.com

印刷所　株式会社 美松堂
DTP　株式会社 三協美術
製本所　ナショナル製本

ISBN 978-4-8470-7037-2